硬核经济学

如何面对日益复杂、混乱和不确定的世界

孙惟微◎著

中国友谊出版公司

图书在版编目（CIP）数据

硬核经济学 / 孙惟微著. -- 北京：中国友谊出版公司，2022.1

ISBN 978-7-5057-5377-8

Ⅰ．①硬… Ⅱ．①孙… Ⅲ．①经济学－通俗读物 Ⅳ．① F0-49

中国版本图书馆 CIP 数据核字（2021）第 230540 号

书名	硬核经济学
作者	孙惟微
出版	中国友谊出版公司
发行	中国友谊出版公司
经销	新华书店
印刷	三河市冀华印务有限公司
规格	700×980 毫米　16 开 16.5 印张　235 千字
版次	2022 年 3 月第 1 版
印次	2022 年 3 月第 1 次印刷
书号	ISBN 978-7-5057-5377-8
定价	48.00 元
地址	北京市朝阳区西坝河南里 17 号楼
邮编	100028
电话	（010）64678009

如发现图书质量问题，可联系调换。质量投诉电话：010-82069336

目 录

序　经济学，一种硬核的思维方式 / 1

第1章　经济学是关于"匮乏"的科学

"隐藏款"手办为什么会被炒至上千元？ / 003
为什么博柏利宁将库存烧掉也不降价？ / 005
为什么爱马仕柏金包卖那么贵？ / 008
限量，才能令人迷狂 / 011
为什么钻石不稀缺，却卖那么贵？ / 012

第2章　奢侈品的"时光机"效应

破船尚有三千钉 / 017
圆珠笔和汽车都曾是奢侈品 / 018
钻石的神话破灭只是时间问题 / 019
消费者愿意为人工珠宝埋单 / 023

第3章　"贱货市场"为什么会崛起？

经济学的精髓，不在"赚钱"而在"省钱" / 027
贱货市场的崛起乃是必然 / 028
为什么"临期食品"能成为一门生意？ / 029
对新技术的恐惧 / 029
两三元钱的东西包邮，商家不会赔吗？ / 030

1

第4章　轻奢，一个折中方案

奢侈，堵不如疏 / 033
管仲的"奢侈经济学" / 034
今天的奢侈品，就是明天的廉价品 / 036
"新穷人"会为轻奢埋单 / 037
把LV卖到白菜价可行吗？ / 039

第5章　未来经济学都是行为经济学

20世纪最具影响力的一项经济学研究 / 043
前景理论 / 044
锚定理论 / 053
心账理论 / 057
懊悔理论 / 059
新贴现理论 / 064

第6章　星巴克为什么会卖酒水？

一杯30元的星巴克咖啡，贵吗？ / 073
为什么说麦当劳是做房地产的？ / 074
麦当劳最主要的盈利因素 / 076
为什么酒吧里的酒水那么贵？ / 077

第7章　看人下菜碟

为什么商家会故意在一些商品上留下瑕疵？ / 081
"大数据杀熟"与需求价格弹性 / 082
为什么游乐园对最受欢迎的项目不额外收费？ / 084
为什么餐厅茶水免费续杯，酒吧却收费？ / 085

为什么你买了机票不一定有资格登机？/086
为什么购买音乐会套票要便宜很多？/087
为什么廉价航班餐点收费，快捷酒店上网免费？/088
为什么出租车收费分为起步价和里程价？/089
为什么尺码不同的服装，售价却一样？/090

第8章　颜值经济

高颜值者的高经济价值？/093
演员是一种高风险的职业吗？/096
颜值"内卷"与高跟鞋/098
为什么女模特比男模特赚得多？/099

第9章　工业设计中的经济思维

为什么QWERTY键盘占据主导地位？/103
为什么开冰箱时冷藏柜灯亮，而冷冻柜却不亮？/104
为什么"细长型"易拉罐能够流行？/105
为什么牛奶大多是利乐包，而可乐不是？/107

第10章　大逻辑管着小逻辑

犯罪率和堕胎相关吗？/111
取消预订，要不要收费？/112
"AA制"会导致更多花费吗？/113
解救印度女性的"上帝之手"竟是电视/114
为什么一些医生喜欢给患者开过量的抗生素？/116
为什么津巴布韦大象数量暴增？/117
为什么一些企业待遇基于年功序列，而非绩效？/119
在星级酒店里要不要给服务生小费？/120

 ## 第11章　概率统计与不确定性的世界

老大要吞并老二，出多少钱合适？/ 125
酒后步行比酒后驾驶更危险 / 127
幸存者谬误 / 128
是运气，还是能力？/ 129
看起来不那么随机的随机 / 131
失踪的弹孔 / 132
幸存者偏差与选择偏倚 / 134
患癌症的真正概率为多少？ / 135

 ## 第12章　媲美"万有引力"的一个发现

高尔顿的豌豆实验 / 139
身高大预测 / 140
均值回归在日常生活中的应用 / 141
"均值"什么时候能"回归"？ / 142
预测"均值"是场赌戏 / 143

 ## 第13章　"剪刀石头布"是公平游戏吗？

为什么一辆新车转售就会立即贬值？ / 149
为什么学术论著越来越难懂？ / 151
"超额售票术"与帕累托改良 / 153
为什么招标不能一味强调"价低者得"？ / 154
苏富比与英国式拍卖 / 155
谷歌IPO与荷兰式拍卖 / 157
第一价位拍卖 / 158
eBay与第二价位拍卖 / 159

 ## 第14章　幸福微积分

钱少也要开心 / 165
回到边沁时代 / 166
幸福的"平行世界理论" / 166
伊斯特林悖论 / 168
国民幸福总值 / 169
峰终定律决定你的人生幸福感 / 170

 ## 第15章　自由主义与重商主义的此消彼长

Siri背后的"都市传说" / 175
重商主义 / 177
比较优势陷阱 / 178
美国重拾贸易保护主义 / 180

 ## 第16章　钱的本质

古老的货币 / 185
货币是一种交换媒介 / 186
货币是一种古老的记账技术 / 188
自发秩序和顶层设计的博弈 / 191
金银的去货币化 / 202

 ## 第17章　加密货币与数字法币

私人货币 / 207
弗里德曼预言的电子货币 / 208
格林斯潘预言的私人货币 / 209
数字法币枕戈待旦 / 211

加密货币的一个悖论 / 213
数字法币的网络效应 / 215
数字法币的推出只是个时机问题 / 217
委内瑞拉的"石油币"实验 / 219

第18章 复杂世界的群体智慧

涌现效应 / 225
分布式管理的真义 / 226
预测市场与抉择机器 / 228
智能社群 / 234
公司，现代社会的缔造者 / 236
公司制诞生的底层逻辑 / 237
公司的局限 / 242
账本炼金术 / 244
大规模协作经济 / 246

序
经济学，一种硬核的思维方式

"经济学"这个概念，很容易让人联想到"屠龙之技"。

这是因为，在中国传统文化中，"经济"可是个"大词儿"，有"经纶天下，济世救人"的含义。古代的"帝王师"，放到现在，很可能会被称为"某某学派的经济学家"。从这个角度而言，经济学是一种经世济民的治国方略。然而，经济学并非全是屠龙之技，对于那些看起来微不足道的问题，以及日常生活中经常碰到的"鸡毛蒜皮"的小事，经济学家往往有独到的见解。

深究起来，经济学的知识谱系，其实是从"小"到"大"逐步构建出来的。

经济学（economy），源于古希腊思想家苏格拉底的弟子色诺芬所著的《经济论》，用希腊文表示为"oikonomia"，其本义是"家庭管理"，因为古希腊实行奴隶制，经济活动是以家庭为单位进行的。

所以，"经济"这个概念，可大可小。

往大处说，它可以"治国、平天下"，而西方经济学中的宏观经济学，正是各国政府制定经济政策的依据，是"经世济民之学"。

往小处说，经济学还可以"修身、齐家"，正如它原始的含义，就是"家庭管理"。所以，我们在日常生活中，常用"经济"来指代"划算"，比如我们在日常统筹中，常常说"这样做最经济"，连小饭馆也知道用"经济实惠"来招揽生意。因此，经济具有"耗费少而收益多"的含义，是"经济实惠之学"。

所以，翻译家严复最早将经济学翻译为"计学"——生计之学。后来，严复又介绍了一种日本学者神田孝平的翻译方法——经济学，其实是借用了古代汉语的"经济"一词。

可以说，经济学是一种"达则兼济天下，穷则独善其身"的学问。

经济学并不仅仅是一种"屠龙之技"，它和我们每一个普通人的生活息息相关。我们可以随时随地用经济学的观点去阐释日常现象，来淬炼我们的思维。

经济学被誉为"社科皇冠上的明珠"。

严复称经济学为"有识之公论"，也就是说，在所有社会科学中，只有经济学与自然科学一样，具有公理性。

传统经济学的公理，也就那么屈指可数的几个，比如人是自私的、理性的，资源是相对稀缺的等。经济学认为，这是公理，不容讨论。

凭着这种公理性，经济学向其他学科领地进行帝国式扩张。经济学已经成为一种能够渗透一切的强大势力。经济学家可以用经济分析的方法解释政治、历史、文化、社会、婚姻、家庭、犯罪等领域的问题。

这种"蛮横"的开疆拓土的方法，如同帝国主义一样。因而，"经济学帝国主义"这个提法也就应运而生了。

"经济学帝国主义"这一概念，最早是加里·贝克尔于1976年提出的。是年，贝克尔出版的《人类行为的经济分析》一书，被人们称为"经济学帝国主义"的宣言书。书中提出，经济学之所以有别于其他社会科学而成为一门学科，主要原因不是它的研究对象，而是它的分析方法。经济学的分析方法不仅适用于解释经济行为，而且可以解释语言进化、出席礼拜频次、死刑、法律制度、动物绝种，以及自杀、离婚率……

1992年，诺贝尔经济学奖再次授予贝克尔。他获得诺贝尔经济学奖的理由是，"将微观经济学分析扩展到更多领域，比如各种各样的人类行为和交往，甚至非市场行为"。

"作为帝国主义理论创建者的经济学家"，贝克尔善于把经济理论运用于对人类行为的研究，把经济理论运用到过去同市场概念没有联系的领域，如社会学、政治学、人口统计学、犯罪学和生物学等学科。

他在研究人类行为时，总是力图用经济学的方法和观点去揭示其经济动因，在分析影响人类行为的各种因素时，始终把经济因素放在重要地位。在运用经济理论分析人类行为方面，贝克尔是一个成功的先驱者。

"经济学帝国主义"的提法，是一种调侃的讲法，既无褒义，也无贬义。

贝克尔从不拒绝"经济学帝国主义者"的称呼，因为这不是一个社会征服另一个社会那样的概念。经济学的方法可以用在其他领域，而且可以和物理、生物、化学、生物工程等学科结合起来。

"经济学帝国主义"是指用经济学的思想和分析方法，研究和解释其他社会科学所研究的问题。它不仅没有侵略其他学科的意思，还为其他学科的发展多提供了一种选择，往往能得到意想不到的、富有创意的解释。

"经济学帝国主义者"们想知道，能否用经济学的工具解决一些传统经济学解决不了的问题，例如，人类行为、犯罪问题等。

近几年，西方又流行一种所谓的"博物经济学"的概念，它其实是用经济学的概念去阐释日常生活中的某些现象的一种思维方式。

经济学发展到今天，其理论范式与研究方法已经发生了巨大变化，比如一些学者还将心理学、概率论，甚至脑科学研究等成果引入经济学。最明显的一个变化是，昔日被视为旁门左道的"行为经济学"已经登堂入室，成为一门显学。

本书从生活中的趣事、小事切入，诸如：为什么星巴克咖啡那么贵？用经济学思维该如何治理垃圾电子邮件？为什么许多商家都推行会员积分制……将看似微不足道、司空见惯的日常现象，用"硬核"的经济学理论进行深入浅出的分析，由此展开阐述最"硬核"的经济学知识。

本书结合时下最流行的商业元素，将艰涩的理论表达得简单、生动、有趣。尽量让读者获得类似旅游、逛街一样的体验，同时又会在见识上得到真实的提高。

　　一种经济学是否够"硬核"，要看它能不能解决"稀缺性、不确定性、复杂性"这三类硬核问题。这本《硬核经济学》，就是用前沿的经济理论，去考量政治、文化、社会、婚姻、家庭等方面的问题。本书将最真实的生活与最前沿的经济学理论相结合，是一阅读起来轻松，又能令人有所收获的书，可谓有趣、有料、有用。

　　结合近年来"经济学帝国主义"这个热门话题，用经济学的思维工具，为您奉上一副经济学的"有色眼镜"，帮您用硬核经济思维吹沙见金，重新洞察这个世界。

| 第1章 |

经济学是关于"匮乏"的科学

资源的稀缺性（又称匮乏，scarcity），是经济学的一个基本假设，也是经济学最核心的概念之一。

经济学家琼·罗宾逊夫人曾通过一个例子说明什么是经济学的研究对象。某一个果园取得了大丰收，果子多得吃不完，主人热情地邀请过路的人免费采摘，你可以任意地采摘果子、任意地享用。罗宾逊夫人说，这个时候，这个果园里的果子就不是经济学所要研究的内容，因为它不稀缺。

需要注意的是，稀少不等于稀缺，这两个概念一定不要搞混。假设某东西的数量确实很少，那它就是稀少的，如八声道磁带要比CD稀少，但是八声道磁带并不是稀缺品。

乔布斯曾经有望成为这个星球上最富有的人。但面对来日无多的生命，他也只有哀恸、哭泣。面对死亡、面对事业，乔布斯该如何自处？从稀缺性这个角度来看，这件事反而是经济学应该研究的对象。

稀缺性这个概念反映的是购买意愿和供应水平之间的关系，也是供给和需求之间的关系。稀缺性反映的是人类欲望的无限性与资源有限性之间的矛盾。

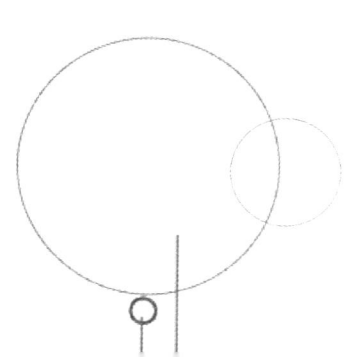

"隐藏款"手办为什么会被炒至上千元？

一些潮玩手办不是一物一价，透明销售，而是统一定价后放在一个"盲盒"里卖。

所谓"盲盒"，就是在相同外观的盒子中密封不同的商品，消费者事先不知道盒子里装的是哪一款，但每位消费者皆有可能抽到自己心仪的商品，这是一种近似于博彩的零售形式。

以潮玩品牌泡泡玛特为例，其旗下售卖20种形象盲盒，其中最受消费者欢迎的Molly就有10多个系列，每个系列下又有12种款式。

买盲盒的门槛很低，国内的盲盒单价普遍为59～79元，也就是普通快消品的价格，省下一顿饭、一包烟的零钱，就能抽一个。

但集齐整套盲盒手办的收集欲，以及对拆开盲盒后随机性惊喜的期待，使购买者欲罢不能。更让购买者上瘾的是，这些手办往往都设置一个非常稀缺的"隐藏款"，这个隐藏款往往在"咸鱼"之类的二手物品交易平台能卖到上千元。这也进一步刺激了购买者的赌性。

其实，"隐藏款"和普通款的制造难度没什么区别，制造成本的差异也小到可以忽略不计。正是这种刻意制造的稀缺性，才让"隐藏款"的价格得以炒上去。

稀缺的极致是"孤品"

某收藏家得到一对罕有的古瓷花瓶（世上仅有两只），其中一只完美无瑕，另一只略有瑕疵。

某日，收藏家宴请一批有识之士，并拿出花瓶让众人点评。众人都对这对花瓶赞叹不已，尤其是那只完美的。

这时，收藏家笑呵呵地拿起一个锤子，将那只完美的花瓶敲成了碎片，留下了那只有瑕疵的。众人瞠目结舌，面面相觑。收藏家解释道：这只花瓶虽略有瑕疵，却是世上仅存的一只了，它就更珍贵了，懂它的人会更加爱惜它。

果不其然，这只孤品古瓷花瓶在古玩圈子里的价格，很快就超过之前两只的总价。这其实就是人为制造的稀缺。

老子曰："不贵难得之货，使民不为盗。"比稀缺品更珍贵的是"仅存的物品"，但这种人为制造的极端稀缺性，却造成了社会整体福祉的减少，是需要批判的。

然而，物以稀为贵。那些"限量版""隐藏款"商品，正是可以制造的稀缺性。占有稀缺物品是人类行为的强大驱动力。

有时候，就算不稀缺，也要人为制造稀缺。以泡泡玛特为例，一整箱盲盒里有12套盲盒，每一套盲盒里有12个娃娃。有一种财大气粗的"端箱"玩家，一买就是一整箱。这是因为，在一整箱144个小娃娃里，才有一个是隐藏款。

大多数玩家，对收集隐藏款充满了渴望。为了保证买到那个隐藏款，他们甘愿一次性花掉144个娃娃的钱。

追逐稀缺品是人类的天性

经济学研究商品和服务是如何生产、分配以及被社会消费的。由于资源通常呈现为短缺状态，1935年，深受奥地利经济学派影响的莱昂内尔·罗宾斯在其名著《经济科学的性质与意义》开篇就试图以"稀缺性"将经济学定义为一门科学，称经济学为"关于稀缺的科学"。

怎么定义稀缺性？用经济学家托马斯·索维尔的话来说："稀缺性意味着人们想要的东西比现有的多。"

占有稀缺物品，是一种强大的驱动力，这是深藏在人类骨子里的。正如罗伯特·西奥迪尼所言："我们对稀缺物品本能的占有欲，直接反映了人类的进化史。"

行为经济学家曾经做过一个实验：他们将两个相同的玻璃罐放在人们面前，A罐内装了10块曲奇饼干，B罐内装了两块一模一样的曲奇饼干。罐子一样，饼干也一样。但参加实验的人，却觉得几乎空了的B罐里的饼干更有价值。

早在17世纪，就有一位老练的名叫格拉西安的耶稣会教士指出：

> 匮乏状态使人产生欲望，利用这种欲望去控制别人，十拿九稳。哲学家们说匮乏算不了什么，政治家们则说匮乏至关重要：后者说得对。有的人在他们欲望的阶梯上攀登，以便达到他们的目的。政治家利用别人的匮乏状态，制造困境来刺激这些人的欲望。他们发现匮乏带来的刺激强于富有带来的满足感。情势越艰难，欲望越强烈。得遂所愿的妙诀是：维持人们对你的依赖感。

通俗点儿就是："困难要上，没有困难制造困难也要上；稀缺要上，没有稀缺制造稀缺也要上。"政客和商人都深谙这样的信条：稀缺至关重要。它是大众的咽喉，握住了它，就能让大众顺从。

为什么博柏利宁将库存烧掉也不降价？

稀缺是经济学得以存在的原因，只有存在稀缺，才存在经济学。在人类的生物学属性没有改变的前提下，市场经济只存在一条核心铁律：制造稀缺！

英国奢侈品时装公司博柏利，被认为是英国最有代表性的时尚品牌。博柏利创办于1856年，在宣传品牌故事时，总是强调它名门出身，曾经是皇室的御用品，受到过英国皇室的喜爱。

英国《泰晤士报》报道，英国奢侈品牌博柏利从2012—2017年烧毁了价值9 000万英镑的衣物、手袋、饰品等，仅在2017年一年，就烧掉了价值超过2 800万英镑的库存商品。

这其实是为了维持一种人为制造的稀缺性。博柏利如果想要维持其服饰品牌的高价位，就要让消费者相信，它家衣服确实不会减价，宁可烧掉也不会降价甩卖。

经济学家张五常在《卖桔者言》的一篇文章中描绘了一种经济现象：香港除夕夜，卖年橘（一种观赏性常绿灌木植物）的花市老板，在年夜收摊前，如果卖不完的话，他们宁可把余下的年橘销毁了，也不会以极低的价格甩卖，更不会免费送人，成人之美。他们为什么要这么做呢？

还有，快餐店油炸的鸡腿、鸡翅一定时间内没有售出，就会被丢弃销毁，而不是打折出售，或者分发给内部员工食用。这样做的目的是什么呢？

张五常认为，这其实是在维持一种市场的游戏规则，坚持这种游戏规则，对自己和市场都有好处。

尽管降价销售、免费送人，有利于社会的整体福祉，但对本行业而言却是一种伤害。随着年夜的临近，顾客越来越少，年橘已经降到一个较低的价格。如果这个时候再降价甚至白白送人，那么，潜在的正常需求者可能会专门等这个时候来"捡漏"。卖不掉就销毁，既坚持了低价，又保留了底线，对自己和整个行业都是一种保护。这和博柏利把卖不掉的库存烧毁的道理是相同的。

如果一到时间就降价销售，对先买的消费者也是一种不公平和伤害。久而久之，整个业态就恶化了，消费者会产生"等一等"来"捡漏"的心理，商家的总体利润会大幅降低。

营造稀缺的氛围

经济学家张五常的老师艾智仁提供了更多的洞见。他指出,有稀缺就有竞争,并且有竞争就有歧视。他继而指出,下列观念是无法分离的,也就是说,它们是同一实质的不同表达:稀缺、竞争、歧视、产权、行为约束等。

饥饿营销为什么屡试不爽呢?我们明明知道这是商家的惯用手法,为什么还趋之若鹜呢?其中的关键在于人的预期。

俗话说:看景不如听景。苏轼曾以《观潮》这首诗道出了其中况味——

庐山烟雨浙江潮,未至千般恨不消。
到得还来别无事,庐山烟雨浙江潮。

这就是说,人们的预期,总会夸大一些事物的优点。

真正能说服顾客去购买的,不是销售员,而是顾客大脑里的"多巴胺"。

脑神经科学已经对此做出了科学解释:人类大脑中有一种名叫多巴胺的化学物质,它是一种神经递质,犹如神经元之间的信使,它能让人产生愉悦、幸福、渴望等各种感觉。

多巴胺像一个巧舌如簧的说客,会夸大事物的优点,进而让我们产生渴望,诱使我们采取行动。当我们采取行动后,大脑就会获得快感的奖赏。

多巴胺就像一个媒婆,它善于绘声绘色地放大"对象"的优点。当我们的胃口被吊起的时候,说服我们的其实不是别人,乃是我们自己大脑内的多巴胺。

顶尖销售人员总是先向顾客介绍一种商品(解决方案)的优点,但不会急着拿出来。

当客户形成预期的时候,也就是胃口被吊起的时候,内心仿佛被"种草",这"草"必须拔之而后快,否则就会心痒不止。

为什么爱马仕柏金包卖那么贵？

苹果公司的黑色iPod（一种便携式多功能数字多媒体播放器）是一款爆品，无论从品质到外观都获得了无数人的追捧。尽管白色有现货，可很多顾客宁愿加钱也要预订黑色机型。黑色和白色iPod工艺成本相差无几，但苹果公司的行为就是这么令人费解。

同样令人费解的是奢侈品牌爱马仕（Hermes）。爱马仕柏金包（Birkin）简直就是一个传奇，其售价甚至高达几十万元，而且有钱还不一定买得到！要在等待名单上耐心等候，最快也要半年才能拿到货。难道是爱马仕的产能跟不上去吗？

非也！这其实是基于一种很硬核的奢侈品经济学思维。

柏金包诞生于1984年，命名来自英国女演员简·柏金（Jane Birkin）。

据说，1981年，简·柏金在飞机上偶遇时任爱马仕首席执行官让-路易斯·杜迈，她往头顶行李舱放东西时意外把包里的物品撒落一地，随口向邻座的杜迈抱怨找不到一款适合女性的实用手袋，后者旋即拿出纸笔，与柏金讨论并绘制手袋草图。

杜迈先生以这次邂逅为灵感，最终推出以Birkin这一名字命名的柏金包，并于1984年首次亮相。

柏金包推出后，并没有像现在这么受热捧。柏金包就这样不温不火地存在了近20年。随着美剧《欲望都市》的热播，里面的一段剧情让柏金包名声大振。萨曼莎冒着被炒鱿鱼的风险，借明星客户的名字，只为插入红色柏金包的等候名单里。从此，柏金包才变得众所皆知，它也成了很多女士的梦想，被誉为世界上最贵的手袋，价格一直游走在9 000美元至50万美元之间。

平时预订一只柏金包，可能要花半年以上的时间，而且只有爱马仕的VIP顾客才有资格购买，还得将自己的名字提前登记在等候名单上，才能获得"配额"。

"黄牛党"的出现

统计数据显示，目前全球市面上的柏金包数量已经超过了100万只。但柏金包仍然一包难求。这就催生了"黄牛党"——转售市场。据《纽约时报》报道，随着转售市场不断扩大，曾经供不应求的爱马仕柏金包不再那么难买了。

在国外的社交媒体上，一个专门卖爱马仕的网红账号名叫Privé Porter，它专门倒卖爱马仕奢侈品。现在每年的销售额大约为1亿美元，其中约有九成收入来自柏金包。

Privé Porter的创始人柏克认为：消费是一种愉悦畅快的行为，为什么要让不差钱的时尚达人"卑躬屈膝"地漫长等待？一只零售价1.2万美元的爱马仕柏金包，Privé Porter可能会卖到1.7万美元，如果是稀缺款，会加价到2.2万美元。

这正是Privé Porter的成功之处，对于一些有钱人来说，他们宁肯多花钱，也不愿意耗费时间苦等。转售市场的出现，打破了有钱也买不到柏金包的神话。

奢侈品本来就是一种炫耀性消费，而产量较少的限量版爱马仕手袋更受人们的追捧。又如，很多款劳力士表的价格被畸形的市场推高到极其夸张的程度：一枚定价7万元左右的表，如最有名的"绿水鬼"，被加价到10万元左右。还有些卖家要求捆绑销售一些表款。

事实上，劳力士是世界上最赚钱的专业腕表品牌，它一年产量在75万枚左右，高的年份甚至直逼百万产量。劳力士的在产表款，除了功能最复杂的具有年历功能的天行者，几乎都只具有简单的计时功能，表盘、表圈、表壳等都是严格的流水工艺，分分钟生产出来，除非人为让某个系列停产或少产。

良贾深藏若虚

商业交换是一种古老的人类行为，有着几千年的历史。

老子是春秋时期的思想家，是《道德经》的作者。除了《道德经》这部玄奥作品之外，老子还曾经向孔子面授机宜，传授了一则古老的生意经，叫作"良贾深藏若虚"。

"良贾深藏若虚"翻译成白话文意思就是：善于经商的人，可以营造稀缺的氛围。用现在的话来说，这叫"饥饿营销"。

下面，请允许我结合脑神经科学，来解释这一法则的妙用。

过去的古董商，都把"深藏若虚"奉为座右铭，讲究把"镇店之宝"藏起来。

当古董店老板向顾客展示了多种古玩，顾客仍嫌货太平庸，不入法眼时，老板为了成交，就可能会祭出"撒手锏"。

这个时候，老板会吊顾客的胃口，说自己藏有一件多么珍奇的古玩，一直说到顾客两眼放光，请求一看为止。

这个时候，老板才会带领顾客，穿街走巷，来到藏品所在地。老板再打开一层一层的门，捧出珍藏古董的匣子，揭开盖在古董上的绸缎，一件宝器隆重出场了。

这时，经过了一连串仪式化的行为，顾客购买的概率会无限接近百分之百。

"良贾深藏若虚"这句话也可以从营销的层面去理解，那就是"物以稀为贵"，人为制造稀缺可以达到畅销的效果。

限量，才能令人迷狂

老子曾说："不贵难得之货，使民不为盗。"面对难得的物品，人们就会变得非理性。

我曾问一位亲戚："你为什么会选择普拉达手提包？"

她说："这种包设计简洁大方，而且经久耐用，用了大半年了，依然崭新，没有一点磨损的迹象，不愧是大牌。"

我对这种回答持保留态度。我甚至怀疑，说奢侈品有特别的美学价值、有文化内涵、质量过硬，或者工艺精湛者，大多是自欺欺人。

奢侈品行业，是20世纪崛起的一头魔兽。

奢侈品的logo，成为一种特权身份认证的标志。价格门槛，是构成奢侈品的关键因素之一。人们迷恋奢侈品，是因为他们认为那代表优越的阶层身份。但是，这更像是一个梦。

稀少的商品，能够启动顾客本能的占有欲。占有稀缺的东西，这是进化赋予人类的一种本能。

稀缺能够创造一种心理价值，能带来疯狂、带来炫耀、带来传奇。创造稀缺性，是为了让人觉得拥有它就是拥有一种珍宝。

当然，这仅仅是一种梦，消费者花高价买来的只是一种预期、一种幻觉，这是一种非理性，而非真正的高品位。

如果一种服饰随处"撞衫"，就不算奢侈品了。著名的设计师克里斯汀·迪奥认为，在这个强调规则、强调整齐划一的工业时代，时尚（奢华品）是人类保持个性和独一无二的最后庇护所。

所以，某种商品一旦限量供应，其本身也就具备了稀缺的属性，也就身价大增。奢侈品集团会通过制作限量版或特别版，来人为制造一种稀有。甚至，他们会通过"限购"来激化这种欲望。

限量，才能令全世界的奢侈品爱好者为之迷狂。皮尔·卡丹不懂这个道理，把分店开得到处都是，致使一个原本高端的奢侈品牌，最后沦落成了大路货。在一些国家和地区，由于奢侈品的爆发性需求，以及大量高仿的A货充斥时常，使得路易威登、古驰之类的奢侈品曝光率超高，也存在重蹈皮尔·卡丹、梦特娇覆辙的风险。

为什么钻石不稀缺，却卖那么贵？

有些稀缺是自然形成的，如某些材料稀缺，比如金银、宝石。

有些稀缺是历史形成的，如古董文物，历经兵燹，时间风化，存量稀少。

有些则是人为制造的稀缺，如钻石。

钻石，给人的印象是一种稀缺品。近100年来，以戴比尔斯为代表的企业，不遗余力地将钻石包装成高贵、奢华、永恒爱情的象征，不断地向世人传递钻石的一种特性：稀缺！

法国国王路易十四（1638—1715），自封太阳王。路易十四曾经获得一颗大蓝钻，给它起名为"希望之星"。上所好之，下必效之。钻石自此成为奢侈品流行开来。

钻石过去只是奢侈品，现在则是婚礼必需品。

戴比尔斯公司通过那句不断重复的广告语（钻石恒久远，一颗永流传）赋予钻石另一种含义，强化钻石与浪漫之间的情感关联，经过坚持不懈的宣传，钻石已经成为全世界婚礼的"标配"。

钻石其实并不永恒。几十万年后，它们就会自然风化成一撮粉末。

钻石其实也不稀缺。事实上，全球已探明的钻石储量超过25亿克拉。还有一个圈内流传说法："地球上有多少粒大米，就有多少粒钻石。"

当越来越多的人知道这个真相后，钻石市场并不会直接崩盘。大众之所以会觉得钻石比其他宝石稀有，是因为世界上多数钻石矿脉都被英美资源集团垄断着。

这些被垄断的矿脉，大多并没有开采。英美资源集团控股的钻石开采公司戴比尔斯公司，拥有世界上绝大多数钻石矿脉的开采权，并且对一定时间内提供给市场的钻石数量加以限制，导致其垄断了全世界的钻石生产。

戴比尔斯是全球最大的钻石商，自创立以来，"戴比尔斯"便成为钻石的代名词。

1888年，南非的一位矿产经营商创建了戴比尔斯，其既经营钻石矿开采，也从事钻石批发业务，并且能够根据不同的市场环境，创造有效的机制对市场进行控制，以保证其利益。

戴比尔斯囤积了大量的钻石。如果其他小的生产商企图在垄断集团之外销售钻石，戴比尔斯就会通过销售机构大量抛售同样的钻石以惩罚"入侵者"，直到对方退出为止。当市场不景气的时候，戴比尔斯会为每个生产商调整销售配额，每一家生产商都按配额降低生产比例，从而自动增加钻石的稀缺性，推动价格上涨。

因其对钻石的整个产销产业链进行人为控制，戴比尔斯被认为是典型的现代商业"卡特尔"。

以戴比尔斯为代表的企业，通过垄断与操纵钻石的实际供应，控制每年流入市场的钻石数量，从而让钻石稀有的假象变得越发真实。

经济学家谢国忠这样说："除了钻石卡特尔戴比尔斯，世界上还没有哪一个产业可以成功地实现垄断。"英美资源集团创始人欧内斯特·奥本海默有句名言："提升钻石价值的唯一方法就是使它们变得稀缺，即减少产量。"

美国司法部曾经以垄断罪起诉戴比尔斯，可最后却不了了之。

在过去的100多年中，除了戴比尔斯之外，没有任何一个企业能够担当起"帝国"这两个字。它是全球最大的钻石开采和销售企业，曾经一度控制着全球90%的钻石市场份额。它让"钻石恒久远，一颗永流传"的广告语家喻户晓，并用自己的行动证明了垄断是暴利的唯一源泉。

对此，戴比尔斯直言不讳："我们不找借口，我们就是寻求操控市场、控制供给、操纵价格，并且与合作伙伴在市场里……尽管这样，我们相信这样的做法不仅仅对我们有利，也对整个钻石行业的生产商有利，也是消费者的利益所在。"

直到20世纪80年代，加拿大、澳大利亚、俄罗斯等国家不断发现新的钻矿，戴比尔斯帝国的权威才开始受到挑战。然而，很多行业的垄断者都在效仿戴比尔斯的手段。

| 第2章 |

奢侈品的"时光机"效应

国际知名投资人孙正义有一个所谓的"时光机理论",也就是充分利用不同国家和行业发展的不平衡性。先在发达市场如美国市场发展业务,等时机成熟后再杀入日本市场,之后进入中国、印度等国家。这就如同坐上"时光机",在过去和未来之间穿梭。所谓的奢侈品,也具有类似"时光机"的效应。

  生产规模扩大以后,每件产品的成本将会下降,从而取得一种成本优势,经济学家称之为"规模经济效益"或者"规模经济效应"(Scale Economies Effect)。

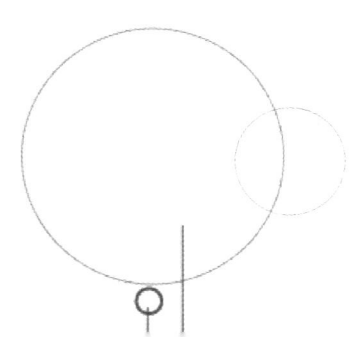

破船尚有三千钉

有句谚语叫"破船尚有三千钉"。这句话说的是，钉子很值钱。

现代人可能会疑惑：这破钉子有什么价值呢？

如果存在时光机，能穿越到过去，你会发现铁钉在100多年前也是一种非常贵重的物品，美国西部的拓荒者会把自己的木屋烧毁，只是为了找回钉子。在亚当·斯密生活的年代，在苏格兰高地上，铁钉甚至被视为钱币。

300多年前，农民往往会以餐具、桌子、衣物等物品来计算自己所拥有的有价值的财物。在莎士比亚的遗嘱中，他甚至把"次好的床"留给了妻子安妮·海瑟薇。

今天的许多普通日用品，在一两百年前仍十分罕见。浴缸、马桶之类的寻常物品，在一两百年前是以奢华品的形式存在的。

随着生产技术的进步和生产规模的扩大，一些商品的供给量也会变得越来越大，且价格也越来越便宜。从奢侈品到廉价品的演化，只是一个时间长短的问题。

另外，在一个区域被弃如敝屣的东西，到另一个区域就可能变成宝贝。

据媒体报道，有位名叫马云的"90后"小伙子，收购中国的旧衣服卖到非洲，一年居然赚了6 000万元。不管是过时校服还是美团的外卖服，他都以收废品的价格买来，经过清洗消毒，用麻袋打包后卖到非洲。在非洲，这样一麻袋旧衣服能卖到350元，而且不能开包验货，买家只能像买"盲盒"一样拆包。然后，这些旧衣服在非洲的零售价一件约2元人民币。

圆珠笔和汽车都曾是奢侈品

1943年，匈牙利记者拉迪斯洛·比罗申请了圆珠笔发明专利。

1945年，美国人米尔顿·雷诺推出了改良型圆珠笔，并成功地实现量产，第一次就向市场投放了1万支圆珠笔。当时每支笔能卖到10美元。

但是好景不长，随着技术的进步和生产水平的提高，圆珠笔的价格直线下降，今天每支圆珠笔的价格不到1美元。显然，生产规模扩大以后，每件产品的成本就会下降，经济学家称之为"规模经济效益"。

不到一年，第一支廉价圆珠笔就被生产了出来。当时，法国人马塞尔·比希开发出了一种制造圆珠笔的工业流程，使得单位成本大大下降。竞争迫使每支笔的价格下降到了10美分以下。

1863年7月30日，亨利·福特出生。父母是来自爱尔兰的移民，拥有一座农庄。他是6个孩子里的老大。

1879年，福特离开家乡去底特律当机械师学徒工，一年后，福特去了汽车制造公司上班。可是不到一周福特就辞职不干了，因为该公司优秀的员工需要花费好几个小时才能修复的机器，福特只要半小时就能搞定，因而遭到其他员工的排挤。此后，福特频繁在各种工厂当修理工，并自学了大量的相关知识。

1893年冬天，而立之年的福特出于对内燃机的兴趣，开始组装一个小型单管汽油机模型，从此踏上了汽车发明的旅程。1903年，已经进入不惑之年的福特参与组建了福特汽车公司。

在福特生活的时代，尽管人们已经发明了汽车，但是传统的生产方式让汽车只能是少数富人的奢侈品。这让福特看到了巨大商机，因为他有一个信条："我从不认为哪种产品的成本是不能降低的。"

这个农民的孩子，立志要为美国人生产廉价汽车。亨利·福特的愿景是让汽车成为大众化的交通工具。福特说："我会打造一款大批量生产的汽车，它要足够大，能够满足全家人的出行需要；也要足够小，一个人就可以轻松驾驶与维护。它有最简单实用的设计，低廉的价格要让每个普通家庭都负担得起，使购买它的人与家人一起享受汽车带来的乐趣。"

1913年，福特公司开发出了世界上第一条流水线，它的意义在于为汽车的大规模生产提供了基础。在此之前，汽车的生产完全是手工作坊式的，几个匠人要用几个月时间才能组装一辆汽车。所以，福特汽车最初的年产量只有10来辆。这一产能远远不能满足巨大的市场需求，让汽车成了富人才能享受的奢侈品。

福特发明了一种流水线式规模作业，他把汽车制造的流程分解成上百个环节，并雇用了大量工人。每个工人只需要熟悉自己那个环节的工艺，在流水线上保证几分钟之内完成自己的工序。这种流水线所带来的产能提升令世人震惊。亨利·福特的努力改变了人们的生活方式，而福特也成了所有制造企业的楷模。

钻石的神话破灭只是时间问题

以戴比尔斯为首的世界"五大钻石商"垄断了全世界大约九成的矿石产量。它们操控着全球天然钻石的市场价格，通过营销宣传，将钻石和结婚仪式捆绑，维系着天然钻石昂贵、保值、不可替代的神话。

钻石卖得贵，是因为它的稀缺性和天然性，因此，品质高、克拉数大的天然钻石变得特别昂贵。

戴比尔斯垄断组织，是由英国商人塞西尔·罗德斯于1888年创立的。

当时，世界上的钻石主要是由南非的矿山供给，然而，存在许多互相竞争的采矿公司。在19世纪80年代，罗德斯买下了这些矿山的绝大部分，并把它们合并为一个公司：戴比尔斯。1989年，戴比尔斯控制了世界上几乎所有的钻石生产。

经过一个多世纪的运作，这个控制钻石的跨国集团垄断了全球钻石产量的一大半，最高时接近90%，而其下属的中央销售组织是世界钻石毛坯的主要供应者。

从20世纪50年代开始，戴比尔斯深度介入了钻石的勘探、开采、分选评价、加工，钻石首饰设计制造以及销售等环节，实行统一的指导经营和管理。当市场出现其他竞争者时，戴比尔斯就会积极干预。这种垄断经营，使得钻石价格平稳上升。

然而，天然钻石也有其血淋淋的一面。富商王健林在一次采访中说，很多所谓的天然钻石是"带血"的。有一部好莱坞电影《血钻》，讲的就是钻石矿工的悲惨处境。片尾说，世界上生产的钻石，70%是带血的，来自对工人的残酷压榨。

钻石价格崩盘的一个威胁来自网销渠道。目前，出售钻石的网上店铺，相同款式裸钻的价格比柜台便宜40%，而且保真。

真正的威胁，来自人造钻石技术的进步。

1799年，法国化学家摩尔沃在实验室里，把真空中的一颗钻石加热，结果只得到了一些石墨。这个实验激发了很多人的发财梦：是不是可以在一定条件之下，把石墨转化为钻石？

1886年，法国化学家亨利·莫瓦桑提出了一种实验方案：首先，用自己发明的"莫式电炉"将铁熔化为铁水，再将石墨投入熔融的铁水之中；接着，再把铁液倒入冷水中，利用热胀冷缩的原理给石墨加压，当铁遇到冷水，急速收缩就会产生一种巨大的压强，使碳原子组合成晶体结构；最后，用酸溶去铁，就可以制得钻石。

1893年，莫瓦桑的助手在实验室制得了一块直径0.7毫米左右的钻石。莫瓦桑把这个科研成果上报给了法国科学院。1906年，莫瓦桑获得了诺贝尔化学奖。

1907年，莫瓦桑去世。很多钻石经销商想知道人造钻石的秘诀，于是，有人花重金从莫瓦桑遗孀处购得其研究手稿，希望能按照莫瓦桑的方法制造钻石。然而，让人大跌眼镜的是，按照莫瓦桑的方法，无论进行多么严谨的实验，也无法获取钻石。后来，莫瓦桑生前的助手出面承认，自己对无休止的反复实验感到厌倦了，又怕跟莫瓦桑交不了差，于是就在实验中作弊了。因此莫瓦桑至死也不知其中有诈。

1954年，通用电气公司宣布他们生产出了第一颗用于商业的人造钻石，在理想的高温高压中完成了工业钻石的制备。

随着人造钻石的出现，天然钻石这一神话被打破了。除了生产过程是人为制造的之外，人造钻石的成品与天然钻石在物理性质与化学性质方面并无二致，都是纯粹的碳结晶。即使经验丰富的技师也难以用肉眼区分，只有凭借精密的实验室设备才能将二者区别开来。

现代技术，已经可以制造出足以乱真的钻石（简称CVD钻石）。目前，这种钻石已经流入国内。所谓CVD钻石是以一块天然钻裸石为母石，利用技术手段"增生"，可形成大至10克拉的透明钻石。这种钻石品质与天然钻石别无二致。

1965年，我国设计制造出了世界领先水平的可以生产人造金刚石的六面顶压机。这样一台设备每次可以生产出100颗珠宝级的人造钻石，极大地提高了人造钻石的产能。目前，我国是全球最大的人造金刚石（人造钻石）生产国。

全世界大约70%的人工钻石产自中国河南。在河南钻石工业的迅猛发展之下，人造钻石已经不再只是玻璃刀之类的原料，人们还可以利用它加工出完美剔透的大钻石。天然钻石历年开采量最高为1.5亿克拉，而近几年仅来自河南的人造金刚石产量就超过了160亿克拉。即使是世界上最有经验的珠宝鉴定师，现在也无法用肉眼甄别这种钻石和天然钻石。中国制造完全有实力将钻石价格拉成"白菜价"。未来几年，质量更好，价格却不及天然钻石价格1/10的人工钻石必将出现。

钻石垄断者通过故意囤货，钻石厂商通过不断重复的市场宣传，向大众灌输钻石稀有的信息。在现代洗脑宣传术的作用下，大众也觉得钻石稀有。

钻石的价格一路上扬，也让消费者感觉钻石是能保值、增值的商品，招徕了众多的投资者。然而，钻石真的是可靠的投资品吗？

1970年，国外一家奢侈品杂志的主编为了测试钻石的保值功能，特意购买了两颗1.5克拉的钻石，市价1 000美元。1979年，这两颗钻石的价格翻了一番。然而，当他想要出售这两颗钻石时，却没有任何一家珠宝商愿意按照市价回购这些钻石。

钻石销售充满暴利，批发价还不到零售价的一半。珠宝商回购钻石的价格，往往不到批发价的70%。考虑到通胀因素，钻石的变现价格，仅有钻石购买价的1/3。

钻石的出货量必然会越来越多。一旦达到一个临界值，就会有很多的人出售自己手里的钻石，钻石的市场价格势必会经历一场崩盘。

铝，曾经是一种超级昂贵的金属，被称为银色的金子。英国皇家学会曾把一个铝杯赠给俄国化学家门捷列夫，以此奖励他所做出的科学贡献。法国国王曾经用铝制成酒杯招待客人，用于炫耀财富。但是，随着炼铝技术的进步，铝很快就沦为一种廉价的金属。随着科学技术的不断进步，钻石是否会重蹈铝的覆辙呢？

消费者愿意为人工珠宝埋单

通过公关和营销活动，人们对人造钻石的接受度会越来越高。

人工钻石在纯度、成色、品相方面比天然钻石更好。所以，人工钻石也越来越被广为接受，大家熟悉的饰品品牌，如施华洛世奇、潘多拉等，都开始涉足人工钻石的生产和销售。

实现品牌溢价，并不一定要靠"天然"珠宝。

香奈儿女士是率先将人工珠宝卖得比天然珠宝还要贵的设计师。后来的奢侈品制造商深受启发，比如LV的一些手提包，连真皮都不是。GUCCI总裁帕特里齐奥·迪马可曾经对媒体说：LV帆布包的布料成本1米才11欧元左右，而古驰皮包的材料成本是1米150欧元。

奥地利时尚珠宝品牌施华洛世奇是一个家族企业，也是营销人工珠宝的行家里手。在人工宝石领域，施华洛世奇有很多成功的经验，比如施华洛世奇水晶，其实就是一种铅玻璃，是一种熔炼玻璃，原材料是天然矿物和纯石英砂。

可在品牌营销运作下，施华洛世奇的铅玻璃也卖出了天然高档珠宝的价格，实现了品牌溢价。施华洛世奇像许多人所说的"材质不值钱"，但依然备受市场欢迎。

把玻璃卖出天价的施华洛世奇也开始涉足人造钻石领域。2018年，其掌门人将旗下人造钻石珠宝品牌Diama合并至奢侈品部门——Atelier Swarovski，用来诠释品牌的"终极表达"。

这些品牌商的入局，注定会将钻石市场搅得周天寒彻。

人造钻石的兴起，让世界钻石巨头公司戴比尔斯坐不住了，开办了一家研制人造钻石的公司。然而，他们对外宣称这家公司制备的钻石只针对工业用途。1988年，戴比尔斯公司人工合成出了一颗重达14克拉的宝石级钻石。

| 第3章 |

"贱货市场"为什么会崛起?

有贵就有贱。贱货（inferior good）是经济学的一个基本概念，它又被翻译为廉价品、低等品、劣质商品、低档物品等。在经济学上指其收入效应使得实际收入增加导致需求量减少的商品。简单地说，就是当一个人的实际收入增加后，购买该物品的数量会越来越少，常会以较佳的代替品取代，例如：长途汽车（相对于高铁），方便面和榨菜（相对于餐厅餐品）。奢侈品、贱货这两个极端，形成了一种强大的张力，构成了参差多姿的商品定价形态。需要注意的是，在经济思维中，贱货就是便宜货、廉价品，是一种客观的描述，不带有感情色彩，更不是骂人的话。

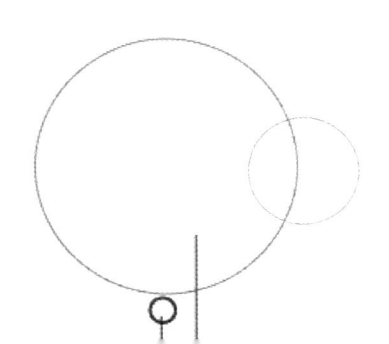

经济学的精髓，不在"赚钱"而在"省钱"

稀缺性是经济学所要解决的第一个问题。但有些资源稀缺就是稀缺，比如寿命。就算是秦始皇，也只能派给徐福一些童男童女去寻找长生不老的仙草。这种行为与普通人稀里糊涂买一些保健品在本质上没什么区别，都是明知能将预期寿命延长的时间有限，仍愿意花些小代价。

生活中最常见的稀缺，其实是缺钱。

西方经济学中是这样定义稀缺的：相对于人们无穷的欲望而言，资源总是稀少短缺的。

所谓的稀缺，并不是绝对的数量多少，而是指相对于人们无限多样、不断上升的需求来说，用于满足这些需求的资源总是相对不足。即使是皇帝，也经常面临捉襟见肘的状况。乾隆皇帝想用金丝楠木来为自己做棺椁，可是金丝楠木不是说有就有的，在乾隆那个时期，金丝楠木基本上是枯竭的。随后乾隆终于想到了一个办法，那就是修葺明皇陵。乾隆利用这次机会盗墓，偷梁换柱，把大殿的金丝楠木给拆了下来，拿去建自己的裕陵。

俗话说："钱是硬通货。"绝大部分人的收入水平其实是刚性的，即有一个上限。一个人欲望太多了，支出就会多，难免会捉襟见肘。正如培根所言——

> 一个人如果在某一项上消费多，则他必须在别的项目上节省。例如，他在饮食上爱花钱，那么他就应当在服饰上节省；要是他在住屋上爱花钱，他就应当在马厩上节省，皆是也。因为在每一项上都花钱很多的人难免会堕入逆境。

这其实就是一种关于"稀缺"的经济学思维。

贱货市场的崛起乃是必然

这里所谓的"贱货市场"，是指专门卖便宜货的市场，比如临期商品市场、奥特莱斯、旧货市场等，还有网络上专门卖二手物品的电商平台，以销售廉价商品为特色的电子商务平台等。

拼多多从诸多的新晋电商平台中"脱颖而出"，是阿里和京东都没有想到的事情。按照"数一数二"的经济学规律，不可能再蹿出一匹"黑马"了。可是，正是因为这种"迷思"，电子商务进入了"三国时代"，依次排名为：阿里巴巴、京东和拼多多。拼多多的规模已经和京东基本持平。

拼多多能够在京东和阿里的"眼皮子底下"坐大，最核心的驱动力是什么？

无他，便宜！

正所谓：没有"便宜两块钱"收买不了的品牌忠诚。

京东成立于1998年，而拼多多成立于2015年。这么短的时间，拼多多就实现弯道超车，世人为之震撼。

当我们囊中羞涩，就会想办法"一分钱掰成两半花"，这其实就是最基本的经济思维。

大部分拼多多用户集中在三四线城市。他们收入不算高，所以在支出方面也是能省则省。甚至在一些一线城市买房的用户，也会在群里讨论，如何在拼多多上买便宜商品。毫无疑问，在很多人眼中，拼多多就是一个省钱利器。

拼多多的迅速崛起，也折射了一部分群体的可支配收入不算太高。中国存款现状是，95%的居民人均仅有2.6万元。所以，勤俭持家依然是传统智慧。

为什么"临期食品"能成为一门生意？

临期食品，是指即将到保质期但仍在保质期内的食品。国家工商总局发文明确要求，食品经营者要对即将过期的食品向消费者做出醒目提示，并单独出售，如超市的"临期食品专柜"。最近几年，街头巷尾出现了一种"临期食品专卖店"。

从需求侧来看，食品自然是越新鲜越好。然而，临期食品并没过保质期，产品质量处于一种"临界"状态，所以就打折销售，往往是正常价格的三折、二折，甚至一折。这对于可支配收入比较少的消费者来说，是一种高性价比的选项。

从供给侧来看，每年都有大量的产品流入临期食品行业，即使按1%的库存沉淀计算，临期食品也将成为"百亿市场"，市场需求和市场潜力是显而易见的。

对新技术的恐惧

丝袜历史可追溯到16世纪的欧洲。最初，贵族男性喜欢穿着白色紧身裤袜，这在很多油画上可以看到。

英国发明家威廉·李在1589年发明了手工针织机，用于织毛袜。1598年，他又改制成一台可生产较精细的丝袜的针织机。为此，威廉·李还专程来到伦敦，租了整栋大楼，专门向女王伊丽莎白一世展示他发明的机器。

但女王却未表扬他，而是说："李，你的目的很崇高，但是你想一下，你的发明将给国家带来什么，无数人将失业，流离失所……"

事实上，工业革命时期，机器生产逐渐排斥手工劳动，使大批手工业者破产，工人失业，工资下降。19世纪的英国，还发生了以砸烂机器为手段的"卢德运动"。莱斯特郡一个名叫卢德的工人，为抗议工厂主的压迫，第一个捣毁织袜机，所以，这场运动被称为"卢德运动"。

然而，工业革命并没有造成工人的大规模长期失业。因为企业会进入生产力较高的产业，进而产生大量新的就业岗位。而工人也会适应新的发展形势，在不同的岗位上重新就业。

当代，仍然有很多对工业化、自动化、数字化等新科技抱有怀疑态度的人，他们被称为"卢德分子"或"新卢德分子"。

两三元钱的东西包邮，商家不会赔吗？

首先，发一件普通的快递，费用大概在12元。

但是，商家如果发货量达到一定规模，就可以和快递公司签署合作协议，发快递的价格可以非常优惠。在义乌这种小商品基地，发的物件一般都比较轻盈小巧。发快递甚至可以论斤算。据一位电商从业人员介绍，某些快件的平均运费，甚至跌破了1元。

还有一些商品，其成本符合边际递减规律，产量越大，平均成本就越低。所以，以低得不可思议的价格出售，也只是为了"走量"，摊平制造成本。人们在网上购物的时候，总喜欢选择一些销量较高的商家。采用低价包邮的方式，可以节省"刷单"的费用。

低价包邮走量还会带来一种隐形的好处，即用户被吸引后可能进入店铺，会促进其他高利润产品的销量。

还有一些电商，为了追求利润，会定制专门针对网销的商品。这些商品仅仅靠网站的视频展示看不出问题，但实物的品质勉强达标，甚至不达标，即是一些假冒伪劣商品。

所以，担心两三元的商品包邮会导致商家赔本，纯属多虑。

|第4章|

轻奢，一个折中方案

▼

在稀缺与丰饶之间，在奢侈品和廉价品之间，还存在着一个折中地带，那就是"轻奢"，它是奢侈品牌兼顾品牌价值与大众市场的一种常用做法，就是延伸副牌，比如意大利奢侈品牌杜嘉班纳在1994年推出了副牌D&G。副牌的价格比较"亲民"，加之奢侈品牌定价的锚定效应，为奢侈品集团带来了丰厚的商业价值。又如，施华洛世奇水晶吊坠，虽然只是一种铅玻璃，却能在百货公司卖到近千元一个。这其实也是一种轻奢品。但是，只要花些钱就能拥有，已经与奢侈品的本质背道而驰。

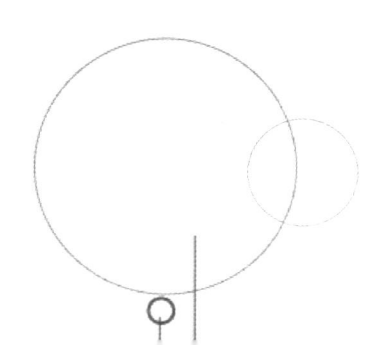

奢侈，堵不如疏

现在很多人对奢侈的理解，不如古人深刻。

明代学者陆楫（1515—1552）认为，对个人和家庭而言，节俭是有利的；但从社会角度看，节俭则是有害的。陆楫说："天地生财，止有此数，彼有所损，则此有所益。吾未见奢之足以贫天下也。"

1714年，荷兰学者曼德维尔（1670—1733）发表了《蜜蜂的寓言——私人的恶德·公众的利益》，阐述了同样的思想。

亚当·斯密曾经谈论到，18世纪时，美国曾经发生过一场如火如荼的抵制物质享受的运动，几乎对英格兰的经济发展造成了阻碍，因为即使是富裕的农民也不知道该把钱花在哪儿，除非招致邻居的鄙夷。

或许，虚荣心人人都有，虚荣心是一种虚荣心对另一种虚荣心的蔑称。

尼采说过，只有当别人的虚荣心和我们的虚荣心相反时，才会令我们反感。

当我们禁止奢侈时，奢侈就会以一种变种的形式出现。古希腊曾经一度禁止任何形式的奢侈。但古希腊人会在吃上做文章，虽然希腊临海，盛产海鱼，但那里的居民却争相高价购买稀有的鱼类。

对客观存在的人性，客观存在的经济规律，不能将"堵"作为唯一手段，而应将"疏"作为常规手段。

新华社曾经发表过一篇《中国应赢回自己的消费者》的文章。文章称，2012年，中国人消费了全球25%的奢侈品，高达3 060亿元，但60%花到了国外。

国外一些奢侈品店的价格相对于国内更为便宜，且品类更为齐全，是国人海外扫货的主因。面对这样一块零售业大蛋糕，中国不应再"望洋兴叹"，而应有所作为，赢回自己的消费者。

中国最高领导人携夫人出访国外，身穿国产服饰，无疑是很智慧的举措。经过新闻报道后，低迷的中国股市，服饰板块大涨。中国打造自己的时尚奢侈品，指日可待。

管仲的"奢侈经济学"

孔子一生最佩服的人有"两个半"：
第一个是周公，这是他的精神偶像，孔子经常梦到这个人。
第二个是老子，他说，老子就像一条神龙。
剩下半个就是管仲，孔子认为，没有管仲，我们恐怕都要沦为野蛮人了。
但是，孔子又骂管仲生活奢侈，不知节俭。不过，孔子很可能骂错了。
管仲投靠了齐桓公以后，就承诺辅佐他成就霸业。
齐桓公问管仲：怎样才能跟上时代潮流？
管仲回答：最好的办法莫过于搞好奢侈品经济。
管仲认为，抓好奢侈品经济，其他自然纲举目张。
当然，这还要辅以对内"官山海"，对外"重商主义"政策。
所谓"官山海"，类似于现代的国家垄断资本主义。也就是说，矿产、海盐等资源由官方垄断。这种政策，可以不向百姓多收税，而大幅提升国库的收入。

　　管仲提倡奢侈。
　　管仲很推崇珠玉之类的奢侈品，认为它们甚至比黄金、钱币之类的东西对国家更有用。
　　以管仲的地位（齐桓公尊他为仲父），完全可以视珠玉为粪土，过一种简单生活。但是，管仲却表现得像个暴发户，身上总是戴满了珠啊玉啊之类叮叮咣咣的玩意儿，天知道他到底真的喜欢这些东西，还是用来营销。
　　从国家统治利益着眼，这其实是一种很高明的增加国库收入的方式。管仲喜欢穿珠戴玉，齐国人会跟风。但这些珠玉的矿藏都是国家垄断的，大部分利润都会流向国库。

管仲深知，珠宝玉石，饥不能食，寒不能衣。但这却是他进行"货币战争"的利器。

管仲建议齐桓公占领"阴里"这个地方，因为这里独家出产一种玉石，这种玉石造的玉璧曾经被古代周天子拿来祭祀宗庙。

齐桓公将此处团团围住，让玉工在阴里制作好玉璧存着。在管仲的参谋下，齐桓公"尊天子以令诸侯"。管仲借周天子之口宣布：照传统礼仪，必须戴着玉璧，才能进太庙祭祀。

此时，天下诸侯繁衍了几百年，具有贵族血统的人越来越多，已经不稀罕了。可是，你没有阴里玉璧，就进不了周天子宗庙祭祀，就得不到身份的认证，就会产生一种"身份的焦虑"。

此时的管仲，比爱马仕的老板还要牛。你只有买了阴里玉璧，才说明你是真正的贵族。

阴里玉璧共有五种规格：一尺大小的卖一万钱，八寸的卖八千钱，七寸的标注七千钱……

天下诸侯都没有阴里玉璧，阴里又被齐桓公重兵把守，只好乖乖掏钱买，于是乎，诸侯的金银纷纷进了齐桓公的国库。

管仲把奢侈品当作重要工作来抓，其实是处理国家与民众利益分配关系的一种上佳模式，即所谓"民不加赋而国用饶"。同时，奢侈品还是平衡国民收入的一种手段。

奢侈品其实是一种身份象征——穿戴奢侈品，是高贵身份的标志。

其实，在管仲看来，购买奢侈品就是缴纳收入调节税。奢侈品是一种税收工具，让富裕阶层乖乖缴税的神器。

管仲自己住的宅子富丽堂皇极尽奢华，奢侈程度甚至超过了自己的老板——齐桓公。

管仲鼓励有钱人尽量奢侈，他不无夸张地说："你们煮鸡蛋，为什么不雕个花再去煮？烧锅的劈柴，为什么不让工匠先雕个造型再去烧呢？"

管仲明确提出，穷人要节俭，富人要奢侈。提倡奢侈，意在让"富者散资于民"，根本目的还是以消费促生产。

管仲说："富者靡之，贫者为之。"这与曼德维尔所说的"有人撒金钱，则有人得工作"是一个意思。

管仲的超前经济理念，让齐国变成了首屈一指的富国。当时，齐国经济甚为繁荣，博彩业、娱乐业，甚至性产业都很发达（管仲被后世尊为青楼祖师爷）。国民众多而且富裕，在通往临淄的路上，经常发生堵车的现象。

管仲堪称一位经济学大师，他很早就洞察到，经济发展的玄机在于奢侈。

古人所谓经济，不过是"经世济民"这四个字的简称，但真正能担当起这四个字的人，也就只有管夷吾了。

今天的奢侈品，就是明天的廉价品

奢侈品会常与很多负面词高度关联：炫富、腐败、贪婪、浪费、情妇……

但是，奢侈品本身无罪，甚至，它还是有功的，我们应当给予奢侈品必要的肯定。

私家车曾经是奢侈品，后来成为中产阶级的标准配置。现在，连劳工阶层也拥有了自己的私家车。录像机、"大哥大"、便携式电脑、单反相机等"前奢侈品"都有过同样的经历。

没有奢侈品，就没有资本主义。奢侈品是资本主义的庶母。在资本的加持下，奢侈品会逐渐成为日用品。

经济发展史的一个规律就是：让一部分人先奢侈起来，然后带动更多的人奢侈起来。今天的奢侈品，在未来，可能只是一种普通的生活日用品。

逐利，是资本的天然属性。

奢侈品牌虽然是一只会下金蛋的老母鸡，但能下的蛋也是有数的。等待是有成本的，资本需要兼顾眼前利益与长期利益。

奢侈品的利润源和"锚定效应"关系密切，奢侈品集团借用品牌的历史辉煌，贩卖给普罗大众一个奢华的幻觉。奢侈品牌的历史背景与文化背景的参照，使得流水线生产的产品也能卖出高价。

传统的奢侈品牌，靠的是曾经显赫的历史，比如王室专用、贵族专享。

但是，现在奢侈品面向的是大众市场。就像自由派经济学家宣扬的那样，钞票是最民主的东西，无论是谁，只要有钱就能购买和享用奢侈品。

被资本加持后的奢侈品，必须有自己的盈利时间表。于是矛盾就出现了：奢侈品的量产和奢侈品的稀缺本质相抵触。

在奢侈品"民主化"的旗帜下，奢侈品产业已经彻底商业化了。奢侈品企业也由家族经营，变为由资本家控制。过去专门定制，能工巧匠手工制作的服装，变成了流水线生产的成衣。

向大众推行梦想营销的奢侈品集团为了利润，必须大批量生产。但同时，作为代价，奢侈品开始大幅降价，成为一个普通人越来越触手可及的梦。旧时王谢堂前燕，飞入寻常百姓家。

很多奢侈品牌甚至会推出一些价格很低的副线产品，如价格很"亲民"的T恤衫、尼龙包等。收入微薄的人，也可以通过购买这些相对便宜的配件来暗示自己的品位和阶层，奢侈品牌借此让普罗大众拥有了小小的奢华梦。

"新穷人"会为轻奢埋单

资本主义社会的理想蓝图是：中产阶级占了绝大多数，极度富裕和极度贫寒的都只是少数。这也就是我们常说的纺锤形社会。但是，全世界正在面临的社会问题是：中产阶级逐渐消失，整个社会慢慢形成两个群体——穷人和富人。

日本的"战略先生"大前研一在其《M型社会》中指出：代表着社会富裕与安定的中产阶级，现如今正在以极快的速度消失。曾经让日本人引以为傲的"一亿中流"，也在瓦解。约有八成人的生活处于中下水准，M型社会由此形成。

财富分配的"马太效应"日益显现，在金钱的占有量问题上，原来的"二八法则"会进一步演变为"90/10法则"。甚至，美国的一个大地产商唐纳德·特朗普还预言：90/10法则或许还会演变成95/05法则，甚至99/1法则——1%的人拥有全国99%的资产。

每一次经济震荡，都是财富兼并的过程。会有一小部分人发大财，另一些人则会"掉下来"。这种阶层落差带来的痛苦，比原本就穷更深。

大前研一指出，很多自认是中产阶级的人士，其实属于中低收入阶层。中低阶层时代已到来，八成人口属于中低收入阶层，他们普遍"供房"吃力，出于经济原因不敢轻易结婚、生子。

大前研一常说：你别以为，只要咬牙再忍一忍，好日子还会回来，或许，你可能已经从中产阶级沦落到"新穷人"而不自知。

"新穷人"（new poor）这个概念是思想家齐格蒙特·鲍曼提出来的，"新穷人"是指物质社会里有缺陷的消费者（flawed consumer）、失败的消费者。在消费主义盛行的社会里，"新穷人"的社会定义或者说是自我界定，首先且最重要的就是有缺陷、有欠缺、不完美和先天不足的，通俗地讲就是手里没有足够的钱的，不能随心所欲购买必需品的消费者。一些原来的中产阶级，无法接受自己已经沦为"新穷人"的现实，会尽量在消费上保持原有的体面。

在美国和欧洲，传统上的穷人是失业者，而新穷人是有工作的穷忙族。当越来越多的"新穷人"加入金字塔底层，如果有商家提供给他们一些买得起的"奢侈品"，就会让"新穷人"产生自己仍然是中产阶级的幻觉。这种奢侈品，就是"轻奢品"——花不太多的钱，就能获得"奢华"的体验。

面对大量出现的追求时尚而又对价格比较敏感的"新穷人"，如能向他们提供既时尚又体面还相对便宜的商品，就可以抓住讲究格调、体面，同时又对价格比较敏感的消费者。

能够赚到"大钱"的，必将是那些既能迎合大众需求，又能缓解大众身份焦虑，定价适中的企业。

浴缸、私家车、大哥大、个人电脑都曾经是奢侈品，如今只是普通日用品。

奢侈品经过一定周期的迭代之后，终将成为物美价廉的必需品。正如一句老话所言："君子之泽，五世而斩。"王公贵族的后裔，终将沦为庶民。而那些曾经不可企及的奢侈品，也会"飞入寻常百姓家"。

奢侈品产业是一头魔兽，是资本主义兴起的原始动力。

没有奢侈品，就没有资本主义。

在现代营销手段的推动下，几乎所有的日用品都有可能被打造为奢侈品。在资本的加持下，几乎所有的奢侈品终将沦为日用品。

把LV卖到白菜价可行吗？

"凡客诚品"的创始人陈年曾豪气干云地说，他如果收购了LV，会把LV产品卖到凡客价。

其实，诸如ZARA之类的快时尚服饰，走的就是廉价奢侈品路线。

奢侈品的产销，犹如钞票的印发。

奢侈品如果能谨慎地出货，就会保持奢侈，但利润有限。大量出货，就如同货币超发，虽然会赚得海量利润，但同时也会面临崩盘的结局。

奢侈品要维持等级尊严，就要求有封闭性；资本要盈利，就要求有开放性。资本如果不知克制，所有的奢侈品牌最后都会沦为大众品牌。如果就这么一直"端着"，奢侈品牌则无法赚到巨额利润。

从长远来看，所有的奢侈品，终将成为日用品。所有的奢侈品牌，终将被透支、榨干。在这个过程中，它们会"犹抱琵琶半遮面"地暗自降价，逐渐沦为"准奢侈品牌",再进一步沦为大众品牌。

与其这样,还不如一开始就放低身段,在定价和量产上取得某种平衡。

西班牙快时尚公司ZARA的制胜武器是"蓝海战略"。"蓝海战略"的精髓是:将成本尽量花在消费者最关注的环节,对消费者不太注意的环节,则压缩成本。你可以理解为"偷梁换柱",或者"有钢使在刀刃上"。

我们以五颗星为满分,对ZARA的价值链进行评分:

　　卖场★★★★★:挑选顶级的商场黄金铺位,和顶级名牌毗邻,给人一种一线品牌的感觉。

　　潮流敏锐度★★★★★:ZARA以"抄袭"官司缠身而闻名,米兰时装发布会出现的新亮点,ZARA基本上不超过半个月,就已经有成衣在卖场里售卖了。

　　设计感★★★★:ZARA高薪聘请几百名设计师,形成了丰富的风格和款式。而每个设计师都拥有较大的决策权,设计感比较突出。

　　做工★★★:就做工来说,可以画三颗星。

　　价格★★☆:价位和绫致时装接近,可以画二星到三星。

　　面料★★☆:ZARA选用的多是普通的棉、麻、绸等面料,而不是最好、最贵的面料,采取的是"刚刚好"的打法。

　　宣传☆:ZARA从不启用超模,更没有形象代言人,只偶尔打几个促销广告。

靠着这些理念,ZARA迅速崛起。ZARA的老板奥特加在2012年成为欧洲的新首富,斗败了奢侈品巨头LVMH集团的总裁。

| 第5章 |

未来经济学都是行为经济学

行为经济学是经济学与人类行为学的一个交叉学科。曾经，行为经济学被视为异端邪说，自从2002年将诺贝尔经济学奖颁给了丹尼尔·卡尼曼和弗农·史密斯，行为经济学才算是从边缘走向主流，从此日渐成为一门显学。

丹尼尔·卡尼曼本是一名心理学家，他因为"把心理学研究和经济学研究结合在一起，特别是与不确定状况下的决策制定有关的研究"而得奖；弗农·史密斯是因为"通过实验室试验进行经济方面的经验性分析，特别是对各种市场机制的研究"而得奖。

行为经济学主要研究三类现象：稀缺性、不确定性和复杂性。

不同于传统经济学以"经济人"假设为前提，行为经济学的强势崛起，主要是因为它立足于"三大硬核"的研究方法：实验、仿真，以及基于脑成像技术的脑科学方法。这些硬核研究方法已经对正统经济学产生了革命性的影响。

20多年前，曾经有一个著名的预言：未来所有的企业都是电子商务公司。套用这句话，可以这么说：未来所有的经济学，都将是行为经济学。至少，是以行为经济学为补充的。

行为经济学家理查德·泰勒（Richard Thaler）在2005年的一篇文章里指出，行为经济学有"四项基本假设"：

（1）有限的理性能力；

（2）有限的自私程度；

（3）有限的意志力；

（4）有限的资源。

可见，行为经济学与传统经济学唯一的共识，就是"有限的资源"，也就是"匮乏"。

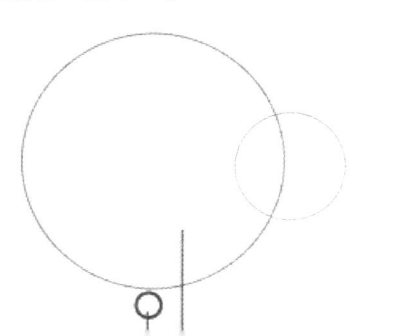

20世纪最具影响力的一项经济学研究

想让诺贝尔经济学奖评审委员会折服并不是一件容易的事情,尤其是卡尼曼这种外行——一名心理学家。

原来,卡尼曼的贡献在于他和自己朋友特韦斯基提出的"前景理论"(展望理论),该理论用两个简洁的函数,呈现出了人类的行为倾向。

一个函数反映了人类的"心智拼图";另一个函数则概括了行为经济学的终极奥义。我们先看第一个。

前景理论是美国犹太裔心理学家卡尼曼和他的老乡特韦斯基在1979年提出的。前景理论假设的"价值函数"可以用一幅极简的函数图呈现。

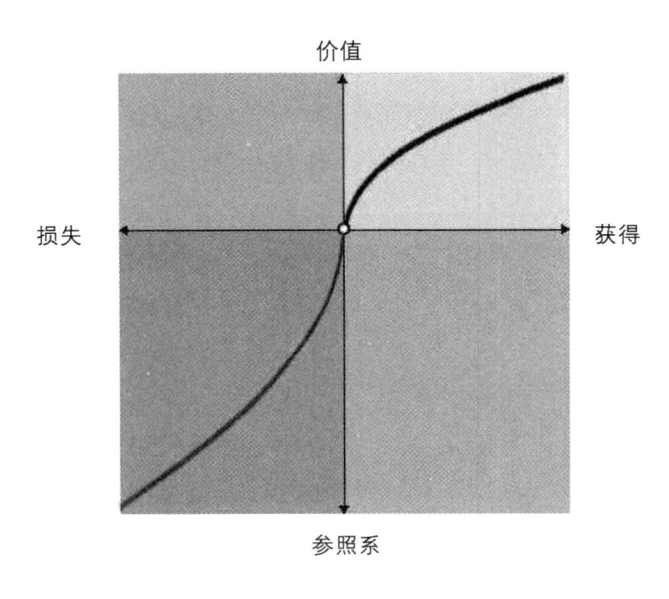

前景理论——价值函数

谁是20世纪最具影响力的经济学家？

是凯恩斯？马歇尔？萨缪尔森？还是弗里德曼？

根据文献被引用次数、支持人数，以及对所属专业的影响来说，以上这几位都算不上。

对一个学者的评价，说到底还需"同行公议"，也就是你的研究成果被别人引用的次数。

以此来看，这个荣誉应该授予心理学家卡尼曼和特韦斯基。这二位的贡献在于发掘人类那些欠缺理性思考和最优化的经济行为。

前景理论成为一门显学之前，就已经被国内学者译介过，一般翻译为"展望理论""视野理论""预期理论"等，都属于意译。意为在不同的风险预期条件下，人们的行为倾向是可以预测的。

现在，前景理论已经成为一门显学，所有关于行为经济学的著作，都绕不开这个理论。

著名财经编辑伯恩斯坦在采访卡尼曼时，曾问他为什么将这个理论称为"前景理论"。卡尼曼说："我们只想起一个响亮的名字，让大家记住它。"

前景理论

铜与柔软的锡、铅融合，诞生了坚硬的青铜。经济学和被称为"软科学"的心理学交叉，诞生了一门硬核的显学——行为经济学。

行为经济学这门学问可是奇硬无比。曾有人预言，未来所有的经济学都是行为经济学，就如同现在所有的公司都是互联网企业一样。

前景理论由五个原理组成，是对传统经济学的一个重要内容——风险决策理论的修正。

确定效应：百鸟在林，不如一鸟在手

所谓确定效应，就是在确定的好处（收益）和"赌一把"之间，做一个抉择，多数人会选择确定的好处。用一个词形容就是"落袋为安"，用一句话来比喻就是"百鸟在林，不如一鸟在手"。

面对确定的获得，人类是风险厌恶者。

先来看一个测试：

A：你确定能得到10万元奖励。
B：你有80%概率得到15万元奖励，20%概率一无所获。

你会选A，是吧？

但按照传统经济学的假设，你应该选B。因为B的期望值比A的大。

这说明，人们在面临两种收益的时候，大多数人是保守派。人们见好就收，小心翼翼，生怕煮熟的鸭子会飞掉。

用特韦斯基和卡尼曼的专业术语表述，这叫"确定效应"（certainty effect）。

"确定效应"表现在投资上就是投资者有强烈的获利了结倾向，喜欢将正在赚钱的股票卖出。投资时，多数人的表现是"错则拖，赢必走"。在非专业投资者中，普遍存在追求"卖出效应"的心理，即卖出获利的股票的意向，远大于卖出亏损股票的意向。

这是不是说，人性就一定是不喜欢把心悬着，讨厌不确定，害怕风险？

非也！真实的人性非常复杂。

只要我们改变前提，人们的很多风险偏好就会出现反转。

反射效应：两害相权赌一把

按照进化论的模型，人类能够幸存的概率无限接近于零。

这说明，我们都是幸运儿的后裔。我们的祖先是经历了无数的侥幸才幸存下来的。这也驯化了我们的一种本能：我们相信命运会站在我们这边！

当我们面临大概率损失时，风险避无可避，正所谓"伸头是一刀，缩头也是一刀"，我们内心的冒险精神就会被激发出来。

此时，我们的本能会推着我们赌一把，"置之死地而后生"。用特韦斯基和卡尼曼的专业术语表述，这叫"反射效应"（reflection effect）。

面对两种损害，你是选择躲避呢，还是勇往直前？

当一个人在面对两种损失抉择时，他的冒险精神会被激起。在确定的坏处（损失）和"赌一把"之间做一个选择，大多数人会选择"赌一把"，这就叫"反射效应"。用一句话概括就是"两害相权赌一把"。

让我们来做这样一个实验：

A：你一定会赔30 000元。

B：你有80%可能会赔40 000元，20%的可能不赔钱。

你会选择哪一个呢？投票结果是，只有少数人情愿选择A"花钱消灾"，大部分人选择了B，愿意和命运抗一抗。

传统经济学中的"理性人"会跳出来说，两害相权取其轻，所以选B是错的，因为（-40 000）×80%=-32 000，风险要大于-30 000。

可现实是，大部分人处于亏损状态时，会极不甘心，情愿承担更大的风险来赌一把。也就是说，处于损失预期时，大多数人通常会变得甘冒风险。卡尼曼和特韦斯基称之为"反转效应"（reflection effect）。

"反转效应"是非理性的，表现在股市上就是喜欢继续持有赔钱的股票。有关统计数据显示，投资者持有亏损股票的时间大于持有获利股票的时间。投资者长期持有的股票多数是不愿意"割肉"而留下的"套牢"股票。

人类对损失的态度是清晰的、决绝的；对风险的态度是暧昧的、爱恨交织的。人类总是痛恨失去，并不一定怕风险。面对确定的损害，我们的赌徒本质就会暴露出来：为了少损失，甘冒大风险。

当人类面临的选项只有损失时，内心的怪兽就可能醒来。战场上常常会采取破釜沉舟的策略，来激发士兵的斗志。

人们甚至会为了避免很小的损失，而甘愿冒比较大的风险。

损失厌恶：夸大自我损失的价值

人类祖先一方面要去觅食，另一方面还要防止被掠食。

假设你是一个原始人，要进行一项冒险：你有80%的可能猎杀一头狼，也有20%的可能殒命。

客观而言，这种冒险是值得的。但在你看来，就算给你全世界的食物，你也未必肯舍弃自己的一条腿，更别说失去生命。

用行为经济学的概念表达，这叫"损失厌恶"（loss aversion）。这个时候你觉得最好是寻找合作伙伴，或者调用更先进的捕猎装置，将自己殒命的风险降到最低，如此方可幸存下来。人类不但有"厌食症"，还有"厌损症"——损失反应过敏症。这种症状非常普遍，几乎每个人都难以幸免。

科学家已经发现，"损失厌恶"起作用的关键部位，在人类大脑的杏仁核。大脑杏仁核与人类恐惧情绪的生成关系密切，它可以在一定程度上抑制冒险。

我们对自己的东西会赋予更高的价值。这样"偏心"地衡量得失，对人类的生存来说是明智之举。

打个比方：白得100元的快乐，不能抵消丢失100元所带来的痛苦。

如果你认同这个判断，就会发现朋友之间的恩怨多是由此而生。

因为我们会不自觉地夸大自己对别人的帮助，而缩小别人对我们的帮助。而别人对我们的算法，也一样有偏差。这样的偏差累积多了，就会有恩怨。

损失厌恶的典型就是"赠予效应"。有一个著名的实验，出自芝加哥大学的理查德·泰勒教授。

泰勒在康奈尔大学任教时，随机找了一批大学生做自己的实验对象。泰勒把这些学生分成两组，分别安排在两间教室。

泰勒从学校的商店里买了一批印有康奈尔大学logo的马克杯，这些杯子的零售价是5美元。为了做实验，泰勒把这些杯子的价签事先撕下来了。

在第一间教室，泰勒将杯子分给了教室内的同学，告诉他们说，这些杯子是赠给他们的。

随后，泰勒教授来到了第二间教室，召开了一个小型"拍卖会"。他告诉这些同学，他要卖给他们每人一个杯子，问他们愿意出多少钱买这个马克杯，泰勒给出的指导价是0.5～9美元。

接着，泰勒又来到了第一间教室。泰勒说："不好意思，同学们，学校马上要组织个小型联谊会，杯子不够用了，需要从你们手里回购一些马克杯，请你们写出一个你们愿意出售的价格。"

第一间教室的同学给出的平均售价是7美元；而第二间教室的同学给出的平均售价只有3美元。

这个实验结果，反映的是一种人类的通病：所有权眷恋症。泰勒称之为赠予效应（endowment effect）。

赠予效应这个概念，也可以翻译为"禀赋效应"。拥有再失去，比从来没有过更痛苦。研究发现，哺乳动物也有"禀赋效应"，这可能是进化过程中产生的一种自我保存机制。动物更在乎已经得到的，而不是可能得到的。

参照依赖：没有比较就没有鉴别

如果你喜欢苹果胜过橘子，喜欢橘子胜过葡萄，那么你就不可能喜欢葡萄胜过苹果。

这是传统经济学所做的假设之一。

行为经济学则证实，不同参照点（或参照系），会影响人们的选择与判断。这正是前景理论所要阐述的参照依赖原理——多数人对得失的判断往往根据参照点决定。

一般人对一个决策结果的评价，是通过计算该结果相对于某一参照点的变化而完成的。人们看的不是最终的结果，而是看最终结果与参照点之间的差额。

一样东西可以说成是"得"，也可以说成是"失"，这取决于参照点的不同。非理性的得失感受会对我们的决策产生影响。

传统经济学认为，金钱的效用是绝对的；行为经济学则证明，金钱的效用是相对的。这就是财富与幸福之间的悖论。

假设在商品和服务价格相同的情况下，你有两种选择——

A：其他同事一年挣6万元的情况下，你的年收入为7万元。
B：其他同事一年挣9万元的情况下，你的年收入是8万元。

卡尼曼的调查结果出人意料：大部分人选择了前者。

事实上，我们拼命赚钱的动力，大多来自同事间的嫉妒和攀比。

我们对得与失的判断，基本上来自比较。

我们是贫穷，还是富裕，是同周围人比较得出的结论。正如一则美国谚语说的：只要你每年比你连襟多赚1 000元，你就是个有钱人了。不妨将此种现象叫作"同侪悖论"。

九天之上还有九天，九渊之下还有九渊。

我们快乐和不快乐的根源，都是因为和别人攀比。向下攀比是幸福的，向上攀比是痛苦的。

诗人纪伯伦写道："当我为没鞋穿哭泣的时候，却发现有人没脚。"

这种主动"向下看齐"的做法，是对抗人生不幸的一种方法。

然而，在这个世界上，找个比你强的或不如你的人，太容易了。所以，只有和同龄、同阶层的人攀比才有意义。

有两家规模和前景几乎一模一样的公司，都向你发出了聘任邀请，让你去做它们的主管——

A：公司10名主管，年薪都是100万元，而你的年薪只有85万元。

B：公司10名主管，年薪都是75万元，而你的年薪却是80万元。

你是希望去A公司，还是B公司呢？

同一件事，我们从不同的角度去看，可以说它亏了，也可以说它赚了。

我们对得失的判断，是由参照点所决定的。

风险偏好逆转

有些学生，在平时的模拟考试中每次都拿高分，成了师生眼中的优等生。可是，每逢高考之类的"大考"，却发挥失常。很多教育专家给出种种解释，大多也是"隔靴搔痒"。不妨从风险偏好逆转这个角度来解释。

1. "金昏瓦巧钩惮"效应

2 000多年前，庄子曾通过一个赌博的例子，来揭示这种关于风险偏好的逆转。

一名赌徒参与赌博，当他用瓦器做赌注时，因为赌注廉价，所以下注就很胆大，没有什么心理压力，会将赌技发挥得淋漓尽致，常能巧中。

而当这名赌徒以带钩为赌注时，赌注就变大了。赌徒既希望赢取别人的赌资，又害怕自己折本。这个时候难免患得患失，表现就逊色多了。

当这名赌徒以黄金为赌注的时候，因赌注昂贵，他特别担心损失，心中就慌乱无主，表现得大失水准。最后，庄子借孔子之口说："凡外重者内拙。"

这个"金昏瓦巧钩惮"的譬喻，能否经得住实践的检验呢？

2 000多年后，美国有位名叫丹·艾瑞利的行为经济学家，通过实验验证了这个假设。

丹·艾瑞利找来了一帮印度人做实验，因为他觉得印度人收入水平较低，同样是1 000美元，对美国人和印度人的心理冲击效果肯定是不一样的。

丹·艾瑞利为这帮印度人安排了一份美差——让他们去打游戏，并且根据游戏得分拿奖金。

他尝试了从低到高一系列不同的奖金设置，看看玩家的成绩有什么变化。

随着奖金额度的上升，成绩会不会越来越好呢？

当然了，重赏之下必有勇夫嘛！

但是，当奖金高达某一个数值时，奖金的激励效果消失了。甚至游戏玩家的成绩不仅不会上升反倒会下降——赏金越多，游戏参与者的表现就越糟糕。

这个实验证明了庄子的譬喻是准确的。

"金昏瓦巧钩惮"其实也是企业管理中的一个激励悖论。如果开出的赏格太高了，员工又会被这种赏格所捆绑，无法发挥出最高水平。

2.决策权重函数

按照传统经济学的假设，一个理性的人，当他面临奖励发生变化的时候，他的技能应该是一成不变的。但事实显然不是这样的。

由此，引出了反映人类行为终极奥义的一幅图：

前景理论中假定的权重函数

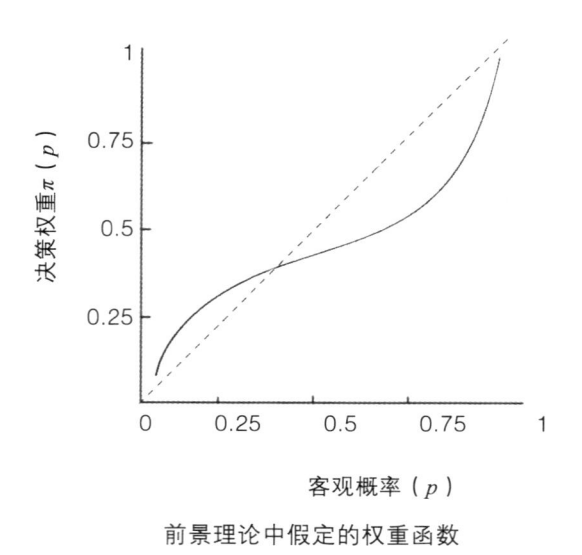

注：该函数具有非线性的特点，即人们对客观概率的感受性是呈倒"S"形的

值得一提的是，卡尼曼和特韦斯基的这个决策权重函数，在历史上曾经有过多个版本。1992年版的实验是在中国进行的，那个时候中国人的收入水平普遍较低，而实验提供的"赌注"超过了中国人当时工资的3倍。

决策权重函数 π 具有非线性的特点，面对风险时，一个普通人会呈现的人性：

面对小概率的损失，是风险厌恶者
面对小概率的获得，是风险追逐者
面对大概率的获得，是风险回避者
面对大概率的损失，是风险追逐者

正如理查德·泰勒所言：人类对风险的感知与实际发生的风险不对称，这正是行为经济学的精髓所在。

锚定理论

传统经济学认为，人所做出的决策是理性的，不会被无意义的数字所干扰。

卡尼曼和特韦斯基所发现的"锚定效应"，是对"理性人"假设的又一次否定，它是一种非常典型的心理偏差。

现在请一组人回答两个问题：

1. 请问印度果阿邦人口超过50万了吗？
2. 你猜果阿邦的人口有多少？

再请另一组人回答两个类似的问题：

1. 印度果阿邦的人口超过1 800万了吗？
2. 你认为果阿邦的人口有多少？

在这两种情况下，你对果阿邦人口的估计会一样吗？

统计实验结果表明，人们在回答第二个问题时，都会受到第一个问题的影响。上一个问题的数字越大，第二个问题的答案就越大。这个实验证明了锚定效应这种认知偏误的存在。

锚定效应（Anchoring Effect），是指当人们需要对某个事件做评估时，会将某些特定数值作为初始参照值，这个初始参照值像锚一样制约着评估结果。

这就是人们常说的"先入为主"，人们在做一个决定时，大脑会对得到的第一条信息标以特别的重视。第一印象或第一数据就像固定船的锚一样，将我们的思维固定在了某一点。"锚"是如此顽固而又不易觉察，要把这种"锚"拔起，远比你想象当中的要困难得多。

硬塞给你的"锚定点"

康奈尔大学的拉索教授，也曾向500名正在修MBA的学生提出过类似的问题，他的问题是：匈奴王阿提拉在哪一年战败？

拉索要求这些学生把他们自己的电话号码最后3个数字，加上400，当作这一问题的"基准"数字。

如果得到的和是400～599，这些学生猜测的阿提拉战败年份平均是公元629年。

如果得到的和是1 200～1 399，这些学生猜测的阿提拉战败年份平均是公元988年。

这些被测试的学生明明知道他们得到的基准数字毫无意义，可是这个数字还是对他们产生了影响。

我们不妨把这些影响他们思维的参考数字叫作"锚定点"。

被测试者得到的"锚定点"数字越大，他们所猜测的阿提拉战败时间也就越晚。

实际上阿提拉兵败于公元451年。

当然了，也许读者会产生这样的疑问：被试者将自己电话号码的最后3个数字加上400，是否会让他们产生误解，觉得这是有意向他们提供某种暗示？

不会，因为电话号码的最后3个数字，可能是000～999中的任意3个数字，这帮高智商的MBA明明知道这些数字与问题毫不相干，但锚定效应还是对他们产生了影响。

随机数字也会影响你

特韦斯基和卡尼曼曾经做过类似的实验，他们找了一批学生，要求估计在联合国里面，非洲国家占有多大的百分比。

他们为此做了一个可以旋转的轮盘，把它分成100格，分别填上1~100之间的数字，并当着这些人的面转动轮盘，选出了一个号码。

当转动这个轮盘之后，指针定格在了数字65上。下面你需要回答这样一个问题：非洲国家的数量在联合国国家总数中所占的百分比是大于65%还是小于65%？

这是一个常识问题，略加思考就会知道，非洲国家在联合国国家中所占的比例肯定小于65%。但是，非洲国家的数量在整个联合国所占的实际比例是多少？

被测试者给出的答案：平均是45%。

接着，卡尼曼又找了另一群学生做了相同的实验。当这个幸运轮停止转动后，是10，而不是65。问：你认为非洲国家在联合国国家总数中所占的百分比是大于10%还是小于10%？

这是一个常识问题，略加思考就可知道，非洲国家在联合国国家中所占的比例肯定大于10%。但是，非洲国家的数量在整个联合国所占的实际比例是多少？

被测试者给出的答案：平均是25%。

同样的问题，为什么两种情况得出的答案差距会如此之大呢？当幸运轮上出现的数字是65的时候，估计的百分比大约是45%；而当幸运轮上出现的数字是10的时候，估计的百分比变成了25%。

如果这些人知道，所谓的"锚定点"对他们的答案有如此大的影响，一定会感到惊讶。

无论轮盘转出什么数字，都会卡在他们的潜意识里。虽然他们知道这个数字毫无意义，却依然会根据此点给出答案。

被试者明明知道幸运轮上出现的数字是随机的，然而，他们给出的答案还是会受到先前给出的数字的影响——即使这些数字是无关的。换句话说，人们的答案"锚定"在先前给出的无关数字上。

在现实生活中，你可能想不到自己也经常认定某个数字或想法，并让它左右自己的经济行为。

傻瓜卷土重来

金融市场上的操纵者，经常利用锚定效应"拉高出货"。

某只股票上市，以6元多的发行价高开到16元，当换手率达到70%的时候，下午就会上演戏剧性的一幕，股价一度上涨到50元，最后收于31元。

这种奇怪的走势也许是偶然，但更可能是人为操纵。操纵者为什么要把当日拉高，此后又跌停？实际上操纵者是在利用行为金融学里的锚定原理，操纵投资者的心理，实现自己的意图。

一些股票，本身炒作到20元就到位了，但运作者一定要炒到30元，甚至40元，然后再把价格打到20元。此时的20元价格很容易就出货。如果是直接拉到20元，没有锚定效应，反而不好出货。

股票市场有所谓"傻瓜卷土重来"（fools rallies）的说法。其实这也是一种锚定效应。在泡沫最终破灭的时候，价格从峰值开始下降。但是，在价格最终一泻千里之前，通常还会有一个短暂的"傻瓜卷土重来"的环节。

心账理论

传统经济学认为，钱是没有标签的，钱就是钱，每一张相同面值的钞票都是可以互相替代的。不管你这些钱是用血汗换来的，还是刮奖刮到的，或者是在马路上拾到的。真是这样吗？行为经济学先驱理查德·泰勒提出的"心理账户"（Mental Account）理论，证明了这种论断是错误的。

1980年，理查德·泰勒教授在一篇论文中，首次正式推出了"心理账户"这个概念。

泰勒是一位真正的经济学教授，也是行为经济学真正意义上的开创者。

泰勒教授指出，人会给钱分门别类，贴上不同的标签，比如零钱、整钱、飞来横财、辛苦钱、干净钱、黑钱、养老钱等。不同的钱，人们会赋予它们不同的价值，并会进行分类管理。

心理记账理论，简称心账理论。它与前景理论、锚定理论，共同构成行为经济学的"三大基石"。

经典电影《毕业生》的主演达斯汀·霍夫曼，在未成名前，在经济上经常捉襟见肘。

一次，有朋友来看望他，发现霍夫曼正在向房东借一笔钱。但是，当朋友来到霍夫曼的厨房时，发现桌上摆着几个罐子，每个里面都装满了钞票。其中一个罐子上写着"出借"，另一个罐子上写着"公共设施"等。朋友很好奇：霍夫曼的罐子里有这么多钱，他为什么还要去借钱呢？这时，霍夫曼指着一个写着"食品"的罐子给朋友看——里面是空空如也。

传统经济学认为，金钱是可以"替代"的，也就是说，每个罐子里的100元可以买到价值100元的食品。但是，人们会采取一种有悖于这种"可替代性"的"心理记账"方式。

心理账户：人们会根据钱的来路、存储的方式或支付方式的不同，无意识地将金钱加以归类，并赋予金钱不同的价值，然后对其进行管理。

日本的研究人员发现，即使是管理"零钱"，一般家庭主妇也会将它们划拨到多个不同的"心理账户"。

"话剧实验"与心理分账

在1981年，特韦斯基和卡尼曼发表的一篇论文里，提出了一个著名的话剧演出实验。

> ◇实验情境A：你打算去剧院看一场话剧，票价是10美元，在你到达剧院的时候，发现自己丢了一张10美元钞票。你是否会买票看演出？

这次共调查了183个人，调查结果显示：88%的调查对象选择"会"，12%的调查对象选择"不会"。

> ◇实验情境B：你打算去看一场话剧而且花10美元买了一张票。在你到达剧院的时候，发现门票丢了。如果你想看演出，必须再花10美元，你是否会买票？

这次共询问了200人，调查结果表明：46%的调查对象选择"会"，54%的调查对象表示"不会"。

特韦斯基和卡尼曼认为，两种实验情境出现不同结果的原因在于：在考虑情境A的决策结果时，人们把丢失的10美元钞票和买演出票的10美元分别考虑；而在情境B中，被调查者则把已经购买演出票的钱和后来买票的钱放在同一个账户估价，一部分人觉得"太贵了"因此改变了自己的选择。为此，特韦斯基和卡尼曼引入了泰勒提出的"心理账户"这个概念。

积极利用心理账户

"心理账户"的弊端是很明显的。其实，把钱分配到不同的"心理账户"中，并非全无好处，比如"心理账户"可以帮我们更有效地为未来的目标而储蓄。

毕竟，对很多人来说，钱是通过自己的劳动赚取的，或是准备用作买房的"房钱"，或是准备养老的"养老金"。即使支出没计划的人，也不会轻易动用这部分积蓄，因为他们把这部分钱放在他们心中不可侵犯的金库里。

有时候，还可以自觉利用"心理账户"来应付较小的损失和不幸。

泰勒曾经讲过一种关于"心理账户"理论最富创造性的做法，它是由一名财务教授发明的。每年年初，这位教授都会拿出一定数量的钱（如3 000美元），作为预留给联合劝募会的资金。然后，如果在这一年中他发生了不愉快的事情，都会记在这3 000美元的账上，比如违章停车被罚200美元，他就会决定，年底只捐2 800美元。他把这一年中发生的所有不愉快的事，如超速罚款、重购损失的财产、救助穷朋友，都从捐助的预算中扣除，最后慈善机构只能得到账户中剩下的钱。只有这样，他才会觉得摆脱了损失的晦气。

懊悔理论

1980年，理查德·泰勒在《经济行为与组织》期刊上，首次提出了Regret Theory这个概念，有人将其译为遗憾理论，也有人翻译为后悔理论，但感觉都不够贴切，姑且将其译为"懊悔理论"。

泰勒做了这样一个测试：

>甲先生在电影院排队买票。到了售票口，才发现他是这家电影院的第1万名顾客，因此得到了1 000元奖金。
>
>乙先生在另一家电影院排队买票。他前面的人刚好是这家电影院第10万名顾客，得到了1万元奖金，而乙先生因为紧随其后，也得到了1 200元奖金。

请问：你愿意当甲先生还是乙先生？

泰勒说，出乎意料的是，许多人宁可当甲先生（得到1 000元），也不愿意当乙先生（可以拿到1 200元），理由就是不想感到懊悔。跟1万元奖金失之交臂，会让这些人痛心不已，因此他们宁可少拿200元，也要避免因为懊恼而跺脚。

泰勒把这种心态称为"懊悔规避"（regret aversion）。

千金难买早知道，懊悔对人心灵的打击是漫长而痛苦的。懊悔理论对人生、事业、投资都具有哲学意义。

行动的懊悔与忽视的懊悔

假设你是一位"彩民"，再假设你每天只能花2元买一张彩票。半年来，你每天只买同一组号码，可惜一直没有中奖（这太正常了）。这时，如果朋友建议你改买另一组号码，你会照做吗？

不用解释，你也知道原来那组号码与新的号码，中奖的概率完全一样。

但你很清楚，可能会面临两个懊悔：

第1种懊悔：不听劝，继续买原来的号码，但是新号码中奖了，你原来的号码没中奖。

第2种懊悔：听人劝，改买新一组号码，可是原来那组号码偏偏中奖了，新号码却没中。

这两种懊悔，哪一种带来的痛苦更强烈？

多数人会觉得第2种懊悔更为强烈，因为你已经对原来那组号码倾注了太多感情。

第1种懊悔，因为没有采取行动，我们叫它"忽视的懊悔"。

第2种懊悔，因为采取了行动，我们就叫它"行动的懊悔"。

行动不如不动

对于多数人来说，行动的懊悔，要大于忽视的懊悔。所以，很多时候，我们宁愿将错就错，也不愿打破现状，故意忽视其他选择。

假设阿聪拥有价值1 000美元的"海神"公司股票，一个好友建议他把这些股票卖掉，改买1 000美元的"华星"公司股票。阿聪没有理会。一年后，"海神"股价跌了30%，他原来的1 000美元现在只剩下了700美元。

现在，假设苏苏拥有价值1 000美元的"海神"公司股票。同样，一个好友建议她卖掉这些股票，改买1 000美元的"华星"股票，她照做了。一年后，"华星"股价跌了30%，使她的1 000美元投资只值700美元。

以上两个案例中，你认为阿聪和苏苏哪一个人会更难受？

实验表明，大多数人认定苏苏会更难过些。毕竟苏苏是因为采取了行动，才赔了钱，阿聪却什么都没做，至少表面上是这样。其实这两个投资人心里都不好受，只是苏苏的自责可能会更多些罢了。她可能怪自己多事，自作自受。

固守现状

"懊悔规避"可以帮助我们理解政治和经济生活中的一些现象。

比如历史上的许多重大改革，都是"危机驱动"——不到迫不得已，不会去改革。保守的政治领袖会采取明哲保身的策略，不去做决策或仅做无关紧要的决策。因为如果做出的决策导致了损失，这比起不做决策或做出的决策没有效果，会引起更大的懊悔。

再如，在熟悉和不熟悉品牌之间进行选择时，消费者更乐于选择熟悉的品牌。

这是因为，选择不熟悉品牌也是一种"冒险"，当这种选择带来负面后果时，其懊悔程度要比选择熟悉品牌的懊悔大。

传统经济学的坚决捍卫者——保罗·萨缪尔森，曾经通过一个经典实验来揭示人的这种心态。被试者是一些对经济学和财务知识相当熟悉的学生，保罗·萨缪尔森给他们出了下面这么几个问题：

你经常阅读有关金融方面的报道，可是却一直苦于没有钱用来投资。最近，有个远房亲戚留给你一大笔钱。你通过仔细考虑后，把投资的范围缩小到以下4种选择：

  A. 购买甲公司的股票。这种风险适中的股票，在未来一年中，有50%的机会股价会提高30%，有20%的可能股价会维持原状，有30%的可能股价会降低20%。

  B. 购买乙公司的股票。这是一种风险较高的股票，未来一年有40%的机会股价会提高1倍，有30%的可能股价会维持原状，有30%的股价会下降40%。

  C. 购买国库券，几乎可以确保未来一年能够获得9%的报酬。

  D. 购买市政债券，几乎可以确保未来一年能获得6%的报酬，免税。

你会选择哪一种投资？

不出所料，这些被试者大多是根据自身承受风险的能力来选择投资。因此，有32%的人选择了中度风险的股票；有32%选择了保守的市政债券；有18%选择了风险较高的股票；另外18%选择了国库债券。

这些实验结果如何呢？不论设定的现状是哪一种投资，大多数人都选择维持现状。例如，一旦获悉这笔钱已用于购买市政债券，有47％的人会决定维持这种非常保守的投资。相比之下，在前面的实验中，尚未进行任何投资时，只有32％的人选择投资市政债券。

这实在令人费解：如果没有特殊情况，只有3／10的人会把钱投放在市政债券上；但是，一旦获知钱已经买了市政债券，几乎有一半的人会认为这是最适当的投资，尽管当初这样做并非出自他们的选择。

"固守现状"真的是因为现状很吸引人吗？根本原因在于人们害怕懊悔，厌恶悔恨。

追求自豪的"卖出效应"

经济学家谢夫林在一项研究中发现：与懊悔规避相对应，决策者还有一种寻求自豪的动机。假设你有两只股票，一只赚了20％，一只赔了20％。你现在缺钱，必须卖出一只，你会卖哪一只股票呢？

在一般情况下人们会产生这样的逻辑：

卖掉赔钱货，会造成该股票已经赔钱的"事实"，就得承认当初的抉择是错误的，会让自己懊悔。再等一等，也许会变成赚钱的股票！

至于赚钱的股票呢，也许它还会上涨，虽然它赚得不算多，但"屁和（hú）也是和"，这会激发一种决策正确的自豪感，而没有懊悔的感觉。

懊悔规避与追求自豪造成了投资者持有获利股票的时间太短，而持有亏损股票的时间过长。急于脱手赚钱的投资，却把赔钱货留在手上。谢夫林称之为"卖出效应"。

投资人死抱着赔钱货不放，却急着卖掉赚钱的投资的倾向，正是"寻求自豪"和"懊悔规避"的心理在起作用。大多数人总是情愿卖掉赚钱的股票或基金，把已经赚到的钱及时放进口袋，而不太愿意卖掉赔钱货，让自己接受赔本的事实。

由于不愿接受卖掉赔钱货后亏本所带来的痛苦，于是他们逃避现实，毕竟，它的价格再跌，也只不过是"账面损失"，还不能算是真正赔钱。

但是，一旦真的把赔钱货卖掉，损失就变成活生生的现实了。

新贴现理论

传统经济学隐含着一个假设：人是具有无限意志力的。在绝对理性的前提下，人们具有完全的自我控制能力，可以理性地规划当下和未来。行为经济学则证明，我们是软弱的，面对"现在"的诱惑，我们的表现是蹩脚的。

"朝三暮四"里的猴子傻吗？

狙公养了群猴子。

为了这群猴子，他入不敷出。

于是狙公向猴子提出一种伙食方案：早上3根香蕉，晚上4根香蕉。猴子们义愤填膺。

狙公又提出另一种方案来安抚众猴：早上4根香蕉，晚上3根香蕉。这下猴子满意了。

世人都说猴子傻得可以，但经济学家却认同这种观点。

按照传统经济理论，猴子其实是非常聪明的。

金钱有时间价值，简单地说就是：今天的100元的价值要高于明天的100元钱。

比如一年期定期存款的利率为5%，那么把100元钱存入银行，明年就变成了105元，这5元就是货币的时间价值。

贴现，是一种票据转让方式，是指客户（持票人）在急需资金时，将其持有的商业汇票，经过背书卖给银行，以便提前取得现款。银行从票面金额中扣除贴现利息后，将余款支付给贴现申请人。

经济学说当中的贴现，不仅适用于金钱，还适用于"效用"。

效用贴现是传统经济学的基本假设之一。

传统经济学崇尚理性，认为趋向利益最大化的行为才是理性行为。

所以，从传统经济学角度讲，寓言里的猴子是很聪明的，它们对伙食方案进行贴现，最后选择了最高贴现值的方案（当然，如果将这个方案生效的时间改为晚上，又另当别论）。

是的，你无法说服一只猴子放弃眼前的香蕉，换取未来某个猴子在天堂取无数根香蕉。

但是，猴子和人类以及所有哺乳动物有着一样的本能，都知道要尽可能多地储存。

猴子会把眼前的香蕉尽可能多地存进一家"达尔文银行"——尽可能地多吃，以储存脂肪这种特殊"货币"，这样在食物匮乏的时候它就可以活下去。

无论把香蕉存进未来天堂，还是存进"达尔文银行"，都是基于对未来的信心。只是前者偏乐观，后者偏悲观罢了。谁说只有人类才相信不太可能发生的事情？

夸张贴现与意志的崩溃

现实生活中，人们一般都是"正时间偏好"。就是说，人们认为当下的快乐要比将来的快乐有价值。

小明预订了一辆拉风牌汽车，1个月后才能交货。经销商告诉他，现在提货也不是不可以，但是要加3 000元。

想着现在就可以开上新汽车，小明居然同意了。由此看来，小明也是具有正时间偏好的人。

小明在小美生日那天说下周送她一部iPhone新款手机。可小美觉得，一周以后送来的手机的价值和生日那天送的价值不一样。由此可见小美也是具有正时间偏好的人。

"正时间偏好"合乎理性。经济学家通过观察发现，人们的确给当下某物赋予的价值要比给"同样"的东西未来赋予的价值高。

1891年，庞巴维克在他的《资本实证论》中解释，因为我们对未来缺乏耐心，相对于未来而言，现在总要占据更多的优势，现在可以被我们直接感知，而未来却需要我们去想象，天知道未来会是什么样子。

"时间贴现"并不是人类或猴子特有的，很多动物都有这种现象。一些实验经济学文献显示，鸟类，尤其是鸽子和鹦鹉，给它们两种选择，一个大的、长远的回报（等待10分钟给100粒谷子），一个小的、短期的回报（等待30秒给2粒谷子），它们却宁愿选择后者。

这些鸟是聪明的。未来具有很强的不确定性。正所谓"落袋为安"。远见太远，也是一种贪婪。10分钟后，也许连2粒谷子都不存在了。此外，等待是需要成本的，等待的过程需要消耗热量。不如趁早吃掉这2粒谷子，再去寻找新的机会。

贴现率（discount rate）本来是指用未到期的票据向银行融通资金时，银行扣取自贴现日至到期日之间的利息率。经济学家将贴现率作为衡量把未来收入和支出折算成现值的一座桥梁。

贴现率这个概念，解决了在今天如何评价未来经济活动的问题。

贴现率为正值，则未来的1万元不论是损失还是收益，都没有现在的1万元价值高；而且时间隔得越长，未来的1万元价值越低。

如果将一笔钱存入银行，并将其所得的收益作为机会成本，那么今天投资10万元的项目，将来即使能收回20万元，也不能证明此项投资划算。

假设银行年利率是3%，将10万元存在银行，24年就能滚到20万元。所以30年后收到20万的投资收益与存银行得利息相比不值。

贴现在理论上是一种理性行为，但是过犹不及，过度贴现是一种愚蠢的行为。

行为经济学家马修·拉宾曾描述一个有关人与金钱间存在的有趣的"反

常现象"，即当人们在获得金钱收入之前，都能相当理性地做出储蓄规划，可当收入真到手之后，人们的意志却崩溃了，钱往往会立即被花掉，拉宾称这一现象为"夸张贴现"。这说明意志力的缺乏是人们在经济实践中选择非理性行为的原因之一。

小美发誓要减肥，小明发誓要存钱。小美见到美食，安慰自己说，不先吃饱哪有力气减肥啊。小明见到一辆豪车，安慰自己说，人生得意须尽欢。一年后，小美的体重增加了几斤，小明的豪车已经折旧，残值不及买时的一半，每月还得还车贷。

传统经济学假设的人具有无限意志。但是，面对诱惑，一些人就开始自我欺骗，意志顷刻间土崩瓦解。

而现实生活中的决策人往往受有限理性、有限意志、有限自利和有限信息等的制约，往往无法达到效益（货币收益）最大化，却会努力实现自我满足最大化。

鲁文斯坦的新贴现理论

按照传统贴现效用理论，人们应该拥有正的时间偏好才是符合理性的。

也就是说，如果时间有价值的话，理性人应该尽可能现在享受好东西，比如成果、胜利、效用、收益、利润、奢侈等；而尽可能推迟承受不好的事物，比如苦难、悲伤、支出、成本、失败、拮据等。

人应该像寓言里的猴子一样，先享用更多的香蕉。

现实中，很多人刚好和理论预测的相反：情愿从差的起点开始，克服一下，"倒吃甘蔗，渐至佳境"，而不是先来好的，然后慢慢变坏。

至此，我们看出来了，传统的效用贴现理论是有问题的！

行为经济学经历了两个发展阶段：

第一阶段是"造反"，行为经济学家直指传统理性假设。代表人物是卡尼曼、泰勒等人。第二阶段是"媾和"，传统经济学"招安"行为经济学，行为经济学也积极向传统经济学靠拢，对传统经济学理论做一些修修补补。代表人物是马修·拉宾、鲁文斯坦等。

新贴现理论就是"媾和"的产物。

鲁文斯坦是卡内基梅隆大学社会和决策科学系的讲席教授，和泰勒一样都是耶鲁大学经济系的博士，毕业后做了"造反派"，向传统经济学发起挑战。

鲁文斯坦对效用贴现模型进行了修正。将数学论证统统省略，我们将鲁文斯坦的观点归纳如下：

（1）收益和损失的贴现率不一致。

（2）决策取决于人们先前的期望。

（3）景气指数与投资储蓄。

不妨做个测试：你最近表现不错，老板说要发你奖金。

A. 今天就领奖金，可领1万元。
B. 如果一年后领，可领1.5万元。

你会选_____。

鲁文斯坦通过实验证明：今天拿100元的价值相当于一年后拿158元，而今天损失100元的价值相当于一年后损失133元。甚至有人认为，"损失"的贴现率为负：他们宁可今天损失100元而不是未来损失90元。

特韦斯基、卡尼曼以及泰勒关注的是微观经济行为。而鲁文斯坦使用他的理论解释了行为学对宏观经济周期中经济行为的影响，特别是对投资和储蓄的影响。

鲁文斯坦认为，让投资者和消费者在经济不景气时进行投资和储蓄是一个很困难的决定。因为不景气时，消费者对投资和储蓄带来的（未来）收益打折打得比较狠（意味着需要很高的收益率才能吸引他们去投资和储蓄），同时不景气时，人们会把从降低的收入里拿出钱来投资和储蓄当成（今天的）损失，这更要避免。

因此，在经济不景气的时候，和传统经济学的预测相比，投资者不仅会减少投资，而且消费者还会加倍减少储蓄。但是市道好时，特别是发了奖金，消费者反而会高比例地增加储蓄。

负债规避

负债规避是鲁文斯坦最有趣的发现。所谓负债规避，是指在很多情况下人们不喜欢负债即分期付款消费，可以说它是前景理论中的损失厌恶原理，以及泰勒心理账户理论在分期付款消费领域的一个证实。

先做一项调查：

> 假设你准备去你最想去的东南亚转一转，旅行社报价是5 600元。假设这个旅行社声誉相当好，所以不必考虑欺诈的问题。它向你提供了两种付款方案：
>
> A. 一次性付费方案。旅行之前一次付费5 600元，包含饮食、住宿、交通等项目。
>
> B. 分别付费方案。饮食、住宿、交通等项目分别缴费，也就是消费一次，掏一次钱。加起来是5 600元。

你会选_____。

根据传统经济学的理论，钱是有时间价值的，当然是方案B划算。但鲁文斯坦的研究证明，大部分人会选方案A。

但是，话又说回来了，有些时候，人们又喜欢负债，也就是以分期付款的方式消费。

再做一项测试：

你希望买一台电视，价格最好在5 600元左右，正好某家电商场有分期付款业务。

你也有两种选择：第一种是一次付清；第二种是分6期付，免利息。

鲁文斯坦的实验证明，这时人们的答案反过来了：84%的人会选择分期付款。

人们为什么会对负债产生两种截然不同的态度呢？

比如旅游，虽然分次付款有经济上的好处，但是一次次付款的痛楚，会降低他们的愉悦感。

根据泰勒四原则理论和损失厌恶原理，我们知道，消费在给人们带来愉悦的同时，人们还要经历支付的痛苦。把这次旅游的享受和支付的痛苦分开，一个人才会更快乐。同时，如果付钱有一种痛感在里面，那不妨让这些痛"一步到位"。

但如果每次把消费愉悦和支付痛楚放在一个账户里，比如你在每期付钱时，想起新房子住上了，大屏幕、等离子电视看上了，这些快乐就可以冲淡分期付款的痛楚。

|第6章|

星巴克为什么会卖酒水?

由于咖啡因具有提神作用，所以，一到晚上，全世界喝咖啡的人就会变少，咖啡馆的客流会明显下降，但房租等固定成本却并不会减少。所以，星巴克不光卖咖啡，也开始在北京、上海和深圳尝试着开设了酒吧，供应咖啡特调鸡尾酒、茶瓦纳特调鸡尾酒、葡萄酒、精酿啤酒以及无酒精鸡尾酒等。

在大城市的核心地段开店，如果没有租金方面的统筹规划，单靠一种商品的销售额，已经很难实现盈利。这方面，麦当劳和星巴克的做法有很多可资借鉴之处。

最早提出并研究地租问题的，是英国经济学家大卫·李嘉图，他提出了著名的级差地租学说。

李嘉图在劳动价值论基础上阐述了级差地租理论，认为农产品的价值决定于在劣等地上所耗费的劳动。与劣等地比较，优良等级的土地的生产条件较为优越，可以收获更多的农产品，其差额通过市场竞争转化为地租。李嘉图生活的时代，人们种的是谷物。现在，人们种的却是星巴克、麦当劳之类的商铺，但面临的问题在本质上却是一样的。

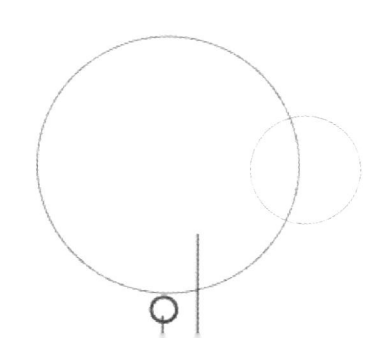

一杯30元的星巴克咖啡，贵吗？

在诸如星巴克一类的咖啡专卖店，一杯咖啡的价格接近30元。再怎么好喝的咖啡，一杯30元的价格确实有些偏高。这不禁令人感到好奇：当我们花30元买一大杯星巴克的焦糖玛奇朵时，这笔钱到底有多少是真正花在了咖啡制作上面？又有多少钱成了企业的利润？

星巴克付给咖啡豆种植园的钱，还不及30元的1/10。不过，我们不能因此就认定30元咖啡的成本为3元。

从收购咖啡豆开始，到有人花30元在市中心的星巴克咖啡店买咖啡喝为止，中间经历了好几道工序。

比如运输、储存、加工及包装。当然，即使将这些工序中所发生的一切费用加起来，有可能还不及售价30元的一半。

此外，还有门市员工及总公司职员的工资，以及为了招揽客人而必须投入的广告营销费、产品研发费、税金……

就咖啡店而言，店面租金是大头，这笔费用在成本中都占有相当大的比重。

将这些林林总总的费用加起来，一杯卖30元的咖啡，贵吗？

我们从星巴克公开的财报的销售毛利率、净利率，可以一目了然地得出结论。

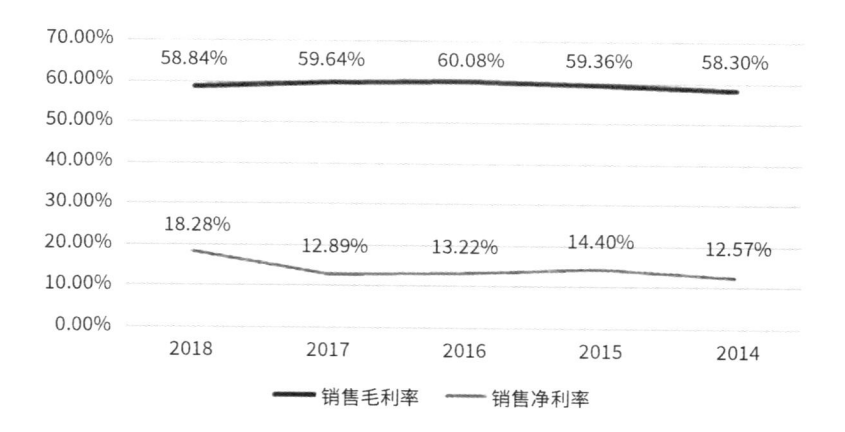

星巴克销售毛利率、净利率（2014—2018财年）

虽然星巴克的全球效益不景气，但是它在中国大区的业绩所带来的同期净利润却很耀眼。

星巴克有些店面的租金奇高，有些店面的租金却非常低，有些店面甚至可能倒贴装修。

这是因为，星巴克在中国定位有点高端，一个商业区有无星巴克，是老百姓衡量一个商业地产招商实力的常用标准。所以，星巴克往往可以享受到租赁超级优惠条款。这是星巴克能够在中国盈利的一个关键因素。

为什么说麦当劳是做房地产的？

1967年的一天，麦当劳的创始人雷·克罗克应邀去奥斯汀为得克萨斯州立大学的MBA学员做演讲。

在一场充满魅力的演讲之后，雷·克罗克即兴向这些MBA学员提问：

"谁能告诉我，我是做什么的？"

学员都笑了，一位学员直截了当地说："你当然是做汉堡包的啊。"

雷·克罗克哈哈大笑："我料到你会这么说。"

接着，雷·克罗克认真地说道："诸位，其实我真正做的不是汉堡包业务，而是房地产。"

雷·克罗克的说法并不夸张，开店选址与租金是麦当劳成败的关键。黄金地段为麦当劳的客户们提供了最便利的选择，人们更愿意就近消费快餐。顾客为这种便利条件埋单的意愿决定了麦当劳必须统筹控制好每家店的租金。

麦当劳公司选址可谓苛刻，他们会派团队展开为期至少3个月的选址规划，上到城市建设、市政及周边人口变迁，下到不同商圈发展前景及可能出现的消费群体。

麦当劳的一位财务总监曾坦言："本质上，我们所从事的并不是食品行业，我们是在房地产行业……我们之所以出售15美分一个的汉堡包，是因为这是带来收入现金流的最佳产品，靠汉堡包寻找能够向我们支付房租的租户。"

当然，麦当劳也有充分的动机把每个汉堡包卖到最高的价位，阻止麦当劳涨价最主要的原因是肯德基、汉堡王之类同行的竞争。

不仅仅是星巴克，为了维持上座率，麦当劳、肯德基都曾经或筹划贩卖酒水。

韩国人是在亚洲国家中平均摄入酒精量最高的，所以，在2016年，麦当劳在韩国也卖起了啤酒。

麦当劳最主要的盈利因素

麦当劳以房地产为利润来源的商业模式，是1956年由其首席财务官哈里·索恩本创造的。为此，麦当劳还特意成立了一家麦当劳特许地产公司。

成立公司的目的是投资旺铺，并逐渐改进，最终形成了麦当劳的特许经营理念。哈里·索恩本后来被提拔为麦当劳公司的总裁，直到1967年，他与雷·克罗克发生了一场争执，愤而辞职。

哈里·索恩本卖出了其所持有的300万美元的麦当劳股票，并发誓永远不到麦当劳餐厅就餐。

如今，麦当劳已经是世界上最大的独立的房地产所有者，其拥有的资产是全世界最繁华的街区上的商铺。即使是在2008年金融危机导致经济衰退的特殊时期，麦当劳仍收购了很多的土地和店铺。

麦当劳最主要的盈利因素已经不是汉堡包和薯条了，而是地皮。麦当劳的一位中国区经理这样说："麦当劳之所以开一家店铺火一家，第一是位置，第二是位置，第三还是位置。"

麦当劳在房地产上的利润来源，主要靠买卖热门的商铺，或从加盟店铺收取高额租金。

特许经营模式曾经使麦当劳通过使用加盟商的资金杠杆迅速地扩张。如今的麦当劳主要有两种经营方式：一是麦当劳自己选址购买房产直营；二是加盟店模式，麦当劳会负责代加盟商寻找合适的开店地址，提前签下长租协议，然后租给加盟商，自己做二房东，获取租金收入差额。

据2016年财报显示，麦当劳加盟费收入才31亿美元，而地产收入高达61亿美元。

为什么酒吧里的酒水那么贵？

在酒店附设的小酒吧里买一小瓶啤酒，竟然要花50元。到酒吧隔壁的连锁超市买东西时发现同样的酒只需10元。酒店附设小酒吧的酒水为什么这么贵？小酒吧售出的东西这么贵，为什么还有不少人愿意去消费呢？

这是因为，很多人去酒店消费，是因为喜欢酒店里的热闹气氛，他们在这里可以随心所欲，发泄生活和工作中的压力。

视觉上，他们可以看周围的帅男美女；味觉上，他们能喝着美酒，品味着酒肉带来的无限享受。即使酒水贵点，也可以接受。

事实上，除了待售的酒水，酒吧里提供的很多服务也是有偿的，比如很多小酒吧为了衬托酒店的规模和品位，常常会邀请一些外籍人士或者外籍的乐队、团体来酒吧演出，如此一来其本身经营的成本就会很高。

顾客在酒吧内购买的不仅仅是一瓶酒，同时也购买了酒背后的附属服务，这个附属服务包括多重因素。例如，美女如云的氛围、贴心的服务和奢华的硬件设施等。

一般来说，连锁超市出售的东西常常比其他非专业店便宜。这有两个原因：一是连锁超市的采购量大，可以利用规模效应压低进货成本；二是连锁超市的货品销量大，可以低价多销，利用专业化来实现高效率。

因此，连锁超市卖10元一瓶的酒，酒店要卖到50元才可以收回成本。

小酒吧的酒水售价如此之高，是因为酒水的销售是酒店采用的一种贴补高房租的销售手段。

很多对价格敏感的顾客，在选择酒店时都喜欢挑低价位的。为了提高客房的入住率，酒店不得不用更具竞争力的价格来吸引消费者。例如，不少酒店在网上预订价格较低，原因就在于网上客户比线下消费者对价格更为敏感。

如今的酒店行业竞争十分激烈，酒店的利润率并不太高。为了向价格敏感的客户提供更大的折扣，酒店必须想尽办法从其他顾客那里寻找额外收入。酒店经营者很清楚，小酒吧出售的商品价格贵得离谱，肯定会使不少客人望而却步。

但他们也同样清楚，对价格不那么敏感的客人并不会被小酒吧内商品高昂的价格所吓到。从这部分客人身上获取的额外利润，可以帮助酒店生存并发展。

再者说，酒吧之所以叫作酒吧，就是因为这里是娱乐场所，是消费高、寻开心的地方。而且，酒店附设酒吧的地理位置一般是该区域的黄金地段，所以房租一般也较高。

因而，巨大的成本压力，迫使酒吧经营者不得不提高所售卖商品的价格；另外，酒吧内的商品虽然价格很高，但只要客人在里面玩得开心，就会觉得物有所值，也就不会有什么怨言了。

| 第7章 |

看人下菜碟

价格策略决定着一家企业的生死，正所谓"定价定天下"。价格定得低一些，还是高一些，以何种理由定价，其中玄机，堪称妙绝。

首先，商家都希望将价格定得高一些，要知道，哪怕只要提高1%的价格，那么可口可乐公司就能增加6.4%的净利润；如果是富士通，净收入将增加16.7%；福特为26%……但是，价格高一些，客户就会相应少一些。

很多时候，客户和商家之间还有一种默契：如果对质量要求不那么高，那么在价格上就可以做出相应的让步；如果价格不那么死板，自然会薄利多销。强烈的获利动机，驱使每家公司都在不遗余力地追求最佳的价格策略。

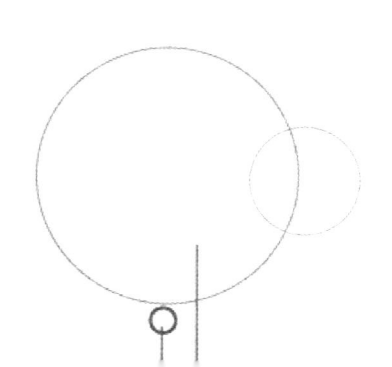

为什么商家会故意在一些商品上留下瑕疵？

你听说过"瑕疵品特卖会"吗？

有些家用电器，如微波炉和冰箱，它们在制造商运送给零售商的途中会出现微小的碰撞损伤，可家电质量却没有任何问题。零售商收到带有瑕疵的商品后并不是将这些电器返厂维修，而是直接降价处理掉。

某家电卖场有一次发现运送的冰箱里有几台因为碰撞而留下瑕疵，于是该家电卖场决定搞一场特卖会。但是，意想不到的是，在特卖会开始的前几天，这家卖场的经理让人在原本毫无瑕疵的电器边上敲击出痕迹。这样做是为了什么呢？

这种销售办法被商家称为"瑕疵品特卖会"策略。"瑕疵品特卖会"其实是一道分隔顾客的完美门槛。

这其实也是一种差异化定价策略。

◇顾客对价格很敏感。
◇为追求"性价比"，顾客愿意容忍冰箱存在瑕疵的事实。

这样，很多对价格敏感的购物者则很乐于购买降价家用电器，顾客买得称心，零售商也能薄利多销，获得更多的市场份额。

这样也就容易理解，零售商为了销售更多的同类家电，会故意让员工人为"破坏"家用电器：用铁锤敲出一些凹痕。采用这套促销方法，可以吸引更多的顾客前来购买，在同类卖场中抢占更多的市场份额。

"大数据杀熟"与需求价格弹性

成本相同的商品，却以不同的价格出售，这种做法在经济学中被称为"价格歧视"，也就是老百姓常说的"看人下菜碟"。

价格歧视（price discrimination）是经济学中的一个热点，经济学家琼·罗宾逊夫人最早提出了这一概念。它实质上是一种差异化的价格策略，为了尽可能多地赚钱，商家根据顾客的需求弹性，有区别地进行定价。萨缪尔森在《经济学》一书中指出："当企业拥有市场力量时，它们可以通过价格歧视手段提高它们的利润。价格歧视指的是同样的产品以不同的价格卖给不同的顾客。"

亚马逊堪称大数据杀熟的鼻祖。早在2000年，亚马逊的技术已经可以根据用户的访问记录，做到千人千面，也就是每个人看到的页面都不一样，比如某种CD碟片对新顾客的报价为20美元，而对老客户的报价则为22美元。通过这种差异化的定价策略，部分顾客付出了更高的价格，电商平台也因此提高了销售的毛利率。

最终，细心的消费者发现了这一秘密，随着对亚马逊的口诛笔伐不断升级，亚马逊最终不得不道歉，并将差价退还。

价格歧视与需求价格弹性相关。需求价格弹性是指市场商品需求量对于价格变动做出反应的敏感程度。这个概念最早是由英国经济学家马歇尔提出的。所谓需求价格弹性，就是指需求与价格之间相互依赖程度的大小。越是必需品，需求弹性就越低，比如人们对柴米油盐的需求量，并不会因为价格的涨跌而改变。这就是大众媒体所谓的"刚需"。而奢侈品的需求弹性就非常大，穷的时候就少买或不买，有钱的时候可以买一些。

通过网约车平台叫车，从同一个地方出发到同一个目的地，用iPhone打车比用安卓手机打车要贵，这就是俗称的"大数据杀熟"。

互联网平台的"大数据杀熟"现象普遍存在，事实上这就是平台厂商利用大数据进行价格歧视的一种通俗说法。

所谓的"大数据杀熟"，在很大程度上利用了消费者的需求弹性，根据消费者对同一事物的不同需求，或者是按照需求的紧急程度，来进行大数据定价。

正如罗宾逊夫人所言："学习经济学的目的不是找到一大堆答案来回答经济问题，而是要学会不被经济学家欺骗。"

当然，价格歧视并非一无是处，合法的价格歧视可以更有效地配置资源。

优步作为全球最大的出租车公司，不拥有一辆车，而打造了一个共享经济的平台。

优步的灵活定价策略，是其商业模式中一个重要的组成部分。针对不同的时间段给出租车制定不同水平的服务价格，当需求上升的时候，优步车辆的每公里车费会自动提高，而这个提高后的价格是由多种因素决定的。例如，当前可提供服务车辆的数量，需要通勤服务人员的数量，是否有特定盛大活动导致出租车需求上升等。对此，优步开发出了一个高峰定价算法程序，并且在美国申请了技术专利。

通过歧视性定价，商家可以获取更多的利润。

优惠券是最常见的一种价格歧视。高收入群体的需求弹性小，而低收入群体的需求弹性大。为了实现这种区别定价，商家的打折手段总是设置各种由头和程序。高收入者不屑于去争取这种优惠，直接就买了；而低收入者只需举手之劳，就可以享受优惠价格。需求价格弹性较强的商品，通过降价能带来销量的上升。因此，尽管单价下降，但商家的总收益还是提高了。

为什么游乐园对最受欢迎的项目不额外收费？

在迪士尼乐园里，即使玩一整天，也玩不了多少项目。虽然孩子们想玩多少次都行，但在最受欢迎的游乐项目前面，总是排着长长的队。

为什么迪士尼乐园不对这些项目收取额外费用呢？

有人说：既然这些项目如此受欢迎，何不通过额外收费来调配？

这样不但可以调节这些项目的消费者数量，还可以让游乐园赚到更多的钱，购买"优先票"的游客也可以获得更好的体验，岂不是一举两得？

游乐园如果对受消费者喜欢的游乐项目加价或另行收费，会影响人们的游乐体验。要知道，小孩子到迪士尼乐园来玩，埋单的都是家长。倘若游乐园为了消除排队现象，对部分项目额外收费，会出现什么情况呢？

以每趟收取 10元为例。很多爱玩的小孩子还是想要一趟又一趟地坐过山车，但坐了几趟之后，家长就不得不拒绝孩子的要求了。而且，不是只拒绝一次那么简单，而是要反复拒绝小孩的要求。这样一来，还有谁能在游乐园留下美好愉快的回忆？

所以游乐园以排队的形式来限制消费者的数量，相对而言排队比额外收费要公平得多。

游乐园想多赚10元钱，那么就可以把这些费用平摊在其他物品的价格上，如饮料多收1元、餐饮多收几元、零食多收2元……这样在不知不觉中就把这10元赚回来了。而游客也会觉得每一个游乐项目并不贵，觉得划算就会经常来，来了就会消费饮料等必需品。

所以说，定额收费，并用排队的方式，来限制孩子对最受欢迎项目的使用次数，恐怕是迪士尼管理方所能找到的一种最合理的折中方案。

为什么餐厅茶水免费续杯，酒吧却收费？

在某些西式餐厅吃饭，饮料都可以免费续杯。店家这样做，无疑会增加成本，但为什么他们还要这样做呢？

其实，这是招揽顾客的一种策略，也是一种销售技巧。有时顾客想多坐一会儿，又不想重复消费，餐厅就会为顾客提供免费续杯的优惠。

其他人见到店里坐着那么多人，自然会觉得这家餐厅"人气旺"，而人气旺是顾客"用脚投票"的一种体现——这家餐厅确实有过人之处，才会吸引这么多客人。

尽管餐厅里的饮料标价一般都偏高，但实际成本却很低。对餐厅而言，为顾客免费续杯并不会造成多大的损失，还能让顾客觉得物超所值，乐意消费，并形成重复消费。

与之相映成趣的是，酒吧常采用免费赠送零食，饮料却高收费的策略。如果经常到酒吧玩，就会发现一种奇怪的现象：一些酒吧向客人提供的零食是免费的，而成本相对低廉的水却是收费的。这是为什么呢？

如果想要弄明白这到底是怎么一回事，就必须要了解水和零食到底哪个才是酒吧的核心，到底谁会给酒吧带来更大的效益。

按照这一说法，那么水一定比零食还便宜。因为，在哪里水都是很方便的一种物质，到处都可以弄到，而零食却是要花费一些资金的。这样一算，酒吧这是在做赔本的生意啊！可是，酒吧的收益确实是惊人的。这就有点说不通了。

其实，零食和酒是互补的。消费者吃的零食越多，那么点的酒水也就会越多。既然零食便宜，不管是酒还是饮料都能给酒吧带来相应的利润，那么，利用这些免费提供的零食来提高酒吧酒水的消费，就是一种效果显著的办法。

相反，消费者点的水越多，那么点的酒就会越少。所以，就算水再怎么廉价，酒吧都会给它定一个很高的价格来抑制消费者只点水不点酒的现象出现，这样也能降低消费者在水方面花费的积极性。

这种模式还有利于提高酒吧的收益，谁去酒吧吃了免费的零食，不点些酒水，都会觉得不好意思。

为什么你买了机票不一定有资格登机？

如果在网上预订机票，通常票价都很低，有时甚至可以拿到一折的机票。但在现场购买，机票价格就很难降下来。而如果在剧院看演出，恰恰相反，有时候在现场买的门票要比提前预订的还要便宜，这是什么原因呢？

这个问题在《牛奶可乐经济学》里有过讨论，这里不妨将话题再做进一步的延伸。为什么航空公司的机票会出现"一座两售"的现象？

如果飞机起飞时还有空座的机票没有售出，这意味着航空公司要损失一笔收入。同时，即使所有座位都售出了，仍然会有一些旅客购票后不去机场乘机，比如睡过了头，或者去机场的路上塞车，或者临时有其他重要的事情要处理。这些空着的座位就浪费了，不仅给航空公司造成了空座损失，也使需要乘机的旅客买不到票，不能成行。

用经济学术语来讲，民航是一种边际成本极低，边际收益却极高的行业，所以，航空公司有尽量将空位卖出去的动机。

自20世纪50年代以来，航空公司往往会采取"超额售票"（overselling）也就是"一座两售"的方式，来保证卖出尽可能多的座位。这种做法听起来很荒诞，实际上却是行业惯例，是受法律明文保护的合法行为，其目的就是弥补缺席率给航空公司所带来的损失。

比如某班飞机有100个座位，实际上却卖了105张票。这就注定有5位乘客无法登机。这个时候，航空公司会对乘客改签，并做出约定的经济补偿。

但是，究竟是哪5位乘客无法登机，却大有讲究。首先，一些特殊人群，比如残障人士、无人陪伴的未成年人都会优先保留座位权。此外，乘客的个人飞行信息，如是商务舱还是普通舱，是不是自家航空公司的会员，领取登机牌的早晚等，都会成为航空公司考虑的因素。

国外一些超售的航空公司，在为每个乘客办理登机的时候，会要求其回答一个问题："航空公司最低出多少钱，你会愿意接受赔款，放弃乘坐这班飞机？"这其实涉及"密封投标"这种竞买机制，本书将会在其他章节详细介绍。

为什么购买音乐会套票要便宜很多？

所谓套票，就是买方要一次性购买一系列演出票。这种票的价格，比单场票价低35%。那么音乐会主办方为什么还要推出套票呢？为什么套票比单场票便宜呢？

这不仅是站在听众的立场上考虑，也是为了维护音乐会经营者的权益。对双方都划算，这便是双赢。《牛奶可乐经济学》中探讨过这个问题，认为这样做可以增加门票收入。

和外国的音乐会一样，中国的音乐会演出，也有单场票和套票之分。如2011年6月25日在国家大剧院音乐厅举行的中国近现代著名作曲家作品音乐会，现场座无虚席，听众购买音乐套票者居多。

如果中国近现代著名作曲家作品音乐会分为上下两场，分别为近代作曲家音乐、现代作曲家音乐，那么就会有很多人只买单场票，有的买上场，有的买下场。假设上下单场票票价都是120元，那么只想听单场的听众就不会吃亏。

音乐会经营者按照惯例推出了套票。这样就满足了想听上下两场的听众的需求，套票价格为两场180元，平均每场90元，比单场票便宜30元。显然，套票对于听众更具诱惑力，这让只想听单场的听众打消了只买单场票的念头，他们可能更愿意花180元买张套票，这样每场只需花90元。

虽然听第一场近代作曲家音乐的听众所支付的票价比单场的便宜了30元，但他们也听了第二场现代作曲家音乐，这样就给音乐会直接带来了60元的利润。

为了抵消演出所花费的成本，并有利可图，大多数音乐会都会尽量争取获得最高的门票收入，而套票的发行正好解决了这个难题，不仅让听众觉得划算，而且让音乐会经营者也获得了更大的利润，达到了双赢的效果，何乐而不为？

为什么廉价航班餐点收费，快捷酒店上网免费？

虽然以前各大航空公司会提供免费的餐点，而现在只有豪华航班才会免费提供，如中国国际航空公司就有免费餐点，但它是建立在高额机票基础上的。"天下没有免费的午餐"，搭乘普通廉价的航班，如春秋航空、中国联航等，旅客只有自带食品，或者另外掏钱购买机内盒饭。

"丽江悦榕庄"豪华度假村酒店的房价高达500~1 800美元一夜，成为中国目前最贵的度假酒店。还有上海的金茂凯悦酒店。这些豪华酒店上网都要收费，而且价格不菲，而一些廉价酒店却提供免费上网服务。

这是为什么呢？为什么会存在这种差别？

廉价航班之所以收取餐点费，是因为现在的航空旅行已成为大众化的旅行方式，不足为奇，而廉价航班的机票也很便宜，提前预订的旅客还能打折。廉价航空公司要想不亏本，就只能通过旅客额外的消费来获利，长途旅行中用餐必不可少，因此廉价航班的餐点要收费。

而乘坐豪华航班的人少，因为票价高，需要提供更为专业化的服务。从表面上看，餐点是免费提供的，其实这些费用旅客已经支付了。

相反，酒店就不一样了。廉价酒店的市场也大，一抓一大把，竞争更加激烈，那他们靠什么来挣钱呢？廉价酒店为什么还提供免费上网服务呢？

仔细分析，你就会发现，廉价酒店看中了廉价的网络资源，酒店安装了无线网络，每月的网费都是固定的，顾客越多越好，充分利用了网络资源，而顾客大多看重免费的上网服务，纷至沓来，生意也就红火起来。廉价酒店看似吃亏，其实是利用免费上网招揽更多的客源，实现利润最大化。

而很多豪华酒店却要收取上网费，如希尔顿、万丽、喜来登等，而且网速也不见得有多快。这是因为奢华酒店的顾客对价格不敏感，所以上网收费成为一种惯例，这也是奢华酒店的一个盈利点。不过值得一提的是，现在有很多五星级酒店上网已经不收费了。

为什么出租车收费分为起步价和里程价？

国内出租车的收费，分为固定的起步价和变动的里程价两部分。为什么管理委员会不直接收取较高的里程费和候时费呢？

其实，这种出租车收费模式是最切合实际的，就是让消费者尽可能根据自己用车实际决定是否搭乘出租车，而不给司机带来额外的成本。

如果直接收取较高的里程费，出租车所有者光靠行驶里程的收资方式来涵盖其所有成本，那么，消费者每公里就要花很多钱，会导致很多行程较远的顾客不敢打车。尽管有的时候，为消费者提供服务的实际额外成本低于他们愿意支付的价格。

如果出租车所有者采用固定起步价和变动里程价两部分收费，就比较接近大部分出租车的实际成本了。采用这种收费方式，就大大降低了出租车的里程费，顾客也就不会为较长的行程支付高于实际成本的货币了。

采用这种收费模式，顾客在乘出租车行驶较长的里程所获得利益比顾客所支付的费用大，所以他们必然会选择乘坐出租车。

从这两种收费结构的对比中可以看出，现行的收费结构，更符合顾客的心理，从而可以吸引更多的顾客。因此，采用固定起步价和变动里程价的收费结构比按里程数收费更合理。

为什么尺码不同的服装，售价却一样？

买衣服的时候，你会发现，大码的衣服和小码的衣服是同样的价格。

仔细想来，花同样的价格买的是比别人小的衣服，这对穿小码衣服的人来讲，可以说是一种不公平。

而相对于厂家来说，同样的价格对自己也很不公平。因为尺码不同的衣服，所要付出的成本也是不一样的，尺码越大的衣服付出的成本也就越高，小码的衣服成本就会低一些。

但是，在售卖时，大码的衣服和小码的衣服，在价格上却完全一样，这是为什么呢？

衣服的原材料成本，与设计、加工、流通的费用比起来并不是很高，只占了一小部分，不同尺码造成的差异也不大。比如一款裙子，它的大码和中码的区别，仅仅是腰围和裙长上面多了2厘米，这在面料裁剪耗损中可以忽略不计。所以，尺码不应该成为决定价格的因素。

一件衣服的价值，主要体现在款式和做工质量上。如果因尺码不同而定价过细，那么，在销售过程中，就会产生很多的不便。而在存储上也会很不方便，也不利于管理。所以，如果价格真的不同，这些环节就容易出错，而整个销售工作就会非常混乱。所以，服装不宜因尺码的不同而进行差异化定价。

| 第8章 |

颜值经济

聪明是一种运气。通常来说，越聪明的人越富有。人们常有一种期望，就是把资源和财富更多地赋予聪明人，从而创造更多的财富。几乎人人都承认，切断工资和智力水平之间的关联，就会降低效率。

颜值其实也是一种运气。经济学家丹尼尔·哈默梅什教授曾写过关于"颜值和劳动力市场"的论文。他指出，长相出众的人比一般人拿到的薪水要高5%甚至更多。

从需求和供给关系来看，颜值这一稀缺品，并未违背最基本的经济学规律。"豆腐西施"的豆腐卖得好，与其颜值是有一定关系的。至少，大众接受了网红、影视明星、模特等，其收入水平与颜值呈正相关关系。

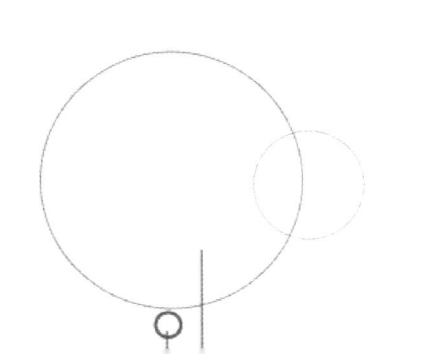

高颜值者的高经济价值？

其实，在很多行业，颜值都具有优势。20世纪90年代，美国猫头鹰餐厅公开宣布，该餐厅只招聘年轻漂亮的女性作为服务员。

2021年，新加坡有一家保洁公司，推出了"猛男保洁服务"（Hunky Guy Cleaning Service），从其宣传图片上看，保洁员个个都洋溢着青春气息，身材健硕。当然，这样的保洁服务价格也令人咋舌，根据公开的价目表，一室的公寓套房收费就要420新币（约合人民币2 050元），两室一厅的套房收费是490新币（约合人民币2 390元），收费最高的是那种顶层豪华公寓，服务价格是700新币（约合人民币3 420元）。这样的保洁员，待遇自然会高于一般的清洁工。

高颜值者的高经济价值，其经济学理论依据是什么？

经济学家约翰·卡尔·斯库兹和卡米尔·古扁列韦斯在其研究论文《颜值和终生收入》中做出了解答。他们发现，颜值与高初中课外活动（学生会、社团、体育项目）参与度、自信度、大五人格特质等呈较强正相关性。

认为美貌具有经济价值，是因为美貌能给市场带来价值，市场肯为美貌买账，那么美貌就是一种生产力。也就是说，在市场竞争中，相貌出众是一种很大的优势，市场很乐意为一副可亲的面孔付费。

从老板的角度来看，老板之所以愿意奖励那些工作做得好，客户又认可的美貌员工，是因为颜值能更好地服务于消费者。经过测算，一般老板会给颜值高的男女员工支付更多的工资，而这些多支付的工资都是独立于他们的工作表现之外的。

从工作者的男女性别上看，人们可能会认为，女性拥有美貌比男性更重要。实际上，学者经过研究发现，市场也会为英俊男性的相貌埋单。

早在20世纪80年代，经济学家就发现，美貌男性的薪酬比市场总体的一般薪酬水平高出了14%，而美貌女性的薪酬比一般薪酬水平高出了9%。

经济学家抽查300多个行业后发现，美貌的男性比一般的男性收入多5%，而丑陋的男性比一般的男性收入低9%。且这300多个行业并不包括那些靠相貌吃饭的行业（如模特、演员或空姐）。

在生活中，很多人认为大多数行业是不需要美貌的，或者说相貌对生产性活动没有帮助，因此人们会发出才高于貌的感叹，如大学教授。经济学家丹尼尔·哈默梅什和他的学生发表了论文《教室里的美貌》，论述了关于教师这个人们一般认为不需要相貌的行业里美貌的重要性。

把某大学的一些教师的照片发在网上，再找一些未毕业的学生来打分，这些学生中总会有人上过这些教师的课。颜值高的老师平均得分在6分以上，相貌一般的教授得分在4.2～5分，而教师队伍整体平均成绩只有3.5分。

统计发现，那些得了高分的老师确实对学生成绩有积极影响。事实也证明，颜值高的老师教授的课程，学生考试成绩略高于校内平均成绩，只是高出的部分不是特别明显。

为什么美貌会产生如此大的效应呢？心理学家的分析是，这就是所谓的"晕轮效应"在起作用。

晕轮效应是指在人际相互作用过程中形成的一种夸大的社会印象，正如日、月的光辉，在云雾的作用下扩大到四周，形成一种光环作用。

从美貌的角度来讲，当人们看到长相出色、气质不凡的个体时，常常会情不自禁地将其他一些良好的品质加于他，因为人总是假设好的品质应该集中在同一个个体身上，如容貌好的人嗓音也格外甜美，或者英俊小生回答问题的水准也高过常人。

早在西汉时期就出现了美貌效应，《史记》中记载了司马相如和卓文君的故事：

临邛的首富卓王孙有个非常漂亮的女儿卓文君。因为司马相如为卓文君弹了一首《凤求凰》，琴声打动了屏风背后的卓文君，她偷看司马相如后"心说而好之"。事后司马相如让"侍者"做红娘，和卓文君连夜私奔到了成都。

　　卓文君和司马相如为生活所迫，决定把车马卖掉，到临邛开酒店，文君当街卖酒。由于文君的美貌，吸引了众多的人前来光顾，两人的经济状况因为酒铺生意兴隆而逐渐好转。

　　卓文君"当垆卖酒"的故事体现了汉代的"美女经济"效应，因为美貌多才的卓文君在大庭广众之下卖酒，才会吸引更多的人前来买酒，才会使得她和司马相如的生活状况得到改善。

　　这就是最早的美貌效应。这种美貌效应在飞速发展的市场经济中，不但没有被商家忽视，反而被不断地发掘利用，从而给商家带来了更多的利益。

　　就像经济学家所说的那样，美貌在这个世界上属于稀缺资源。并不是每个人都拥有高颜值，因此，美貌这种资源就越发显得珍贵。正是由于美貌的稀缺性，人们就越发将有限的目光投注到美貌上。

　　根据对美国一家著名汽车公司的调查发现，在车展中，如果有名车而没有美貌的女性，观众停下观看的平均时间是2分钟；如果既有名车又有美貌的女性，观众停下观看的时间是9分钟。也就是说，美女让观众对这种产品的关注增加了7分钟。而正是这短短的7分钟，就为企业赢得了不少的商业机会和销售收入。

　　这也说明，高颜值具有高经济价值。

演员是一种高风险的职业吗？

在世人眼中，演员风光无限，又有话语权。所以，每当有艺人呼吁保护演员权益时，总有网友批评其矫情。真相到底如何呢？

芝加哥大学的劳工经济学家舍温·罗森提出了有趣的"超级明星"模型。他指出，依靠现代传播技术，现在一些演艺界明星的收入奇高。然而，过去那些依靠现场表演为生的艺人却大量失业了。拜现代媒体所赐，市场判定的最好的艺人才能够不断出现在世界各地的观众面前。

国外的经济学者，会将演员这种职业与毒贩相比较。在人们的印象中，电影明星和毒枭一样，总是一掷千金，威风八面。这其实是一种刻板印象。以美国为例，很多毒贩不得不领取失业救济金，和父母挤在一起住。

人们看到的是明星，看不到的是更多连戏都接不到的小演员。

人生的路并不好走，每一种职业都有不同程度的风险，演员也不例外。甚至，很多高收入的电影明星抱怨自己从事的是高危行业。其中不一定全是矫情，从某种程度上讲，电影演员，也是一种高风险的职业。

如大家所见，每年的一二月份，浩浩荡荡的艺考大军堪称奇迹。许多少男少女为了追求自己的明星梦，从开考之前的很早一段时间就开始做准备，他们梦想着去北京电影学院或中央戏剧学院等艺术类高等学府，成为聚光灯前的大明星。

但是，他们也都了解一个事实，那就是被理想的艺术院校录取是件很难的事，成为风光的大明星更是难上加难。可为什么在艺术的道路上还会出现这种趋之若鹜的现象呢？

要想弄明白其中的奥秘，我们还得从事件的主体"人"说起。

首先，在选择一个作为谋生的行业之前，大多数人都会根据自己的实际情况进行考量。根据常识，我们能够看出，做演员，虽然成功的机会很渺茫，但一旦成功，从中得到的将会远远超过之前所有的付出。换句话说，这个行业是既充满挑战又充满诱惑的，而且诱惑性极大。

所以说，很多年轻人想进入的是个诱惑性巨大的行业。虽然他们也十分清楚成功的机会非常渺茫，但有了这个巨大的诱因作为动机，即使要在成功之前付出很多，也会有大批的人争着加入。所以，演员既是高收入群体，但同时也是一种需承担较高风险的职业。

规模经济也有其弊端，那就是两极分化现象严重，只有极少数精英才能够充分享受规模经济所带来的红利。

有一次，某省邀请搜狐老板张朝阳去给大学生做报告，希望鼓励本省大学生去创业，缔造一批类似搜狐的企业。

张朝阳却这样忠告大学生：创业可以，但不要轻易从事互联网行业，因为互联网行业集中性太强。

这就好比一条街上有100家饭馆，只要老板够勤快，大部分都能活下去，都能赚到一些钱；互联网行业则不一样，100家网络公司，拼杀到最后，能活下三四家就不错了。但活下来的这三四家，日子过得那叫一个滋润。

对大学生来说，没有本钱、底子薄，从事互联网创业，是在投资一件小概率事件，实属冒险。而开餐厅集中性没那么强，办网站则集中性特别强。

有些职业，虽然普通，但从业者的日子却过得殷实。类似理发师、牙医、面包师、工程师、计件取酬的工人……对于希望稳定的人来说，上述职业是不错的选择。它虽然不至于让你一夜暴富，但也足以让你安身立命了。

类似赌徒、股市操盘手、演员、作家、歌手、画家、运动员、底薪极少的业务员等职业，属于"高风险"职业。它可以让你一战成名，也可能让你穷困潦倒。

麦当娜在成名前，为了在纽约谋生，从事过各类工作。她在商店当过店员，做过舞蹈演员，当过人体模特。据她的自传记载，为了充饥，她甚至曾在垃圾箱里找食物吃。她宣称自己曾在被丢弃的"汉堡王"纸袋里头找到东西吃，时间大概为1980年。麦当娜成功后，则是另一番光景。如果她输了，只不过是纽约夜总会多了一个籍籍无名的脱衣舞娘而已。

某些运动员富得流油，每年光广告代言费就达数亿。但新闻上也常有某运动员去做搓澡工，甚至偷窃的新闻。这实在不足为奇。有些职业，虽然台前光鲜，背后却是"一将功成万骨枯"。每个成功者背后都有一群饿殍。

颜值"内卷"与高跟鞋

麦当娜曾有一句豪言：给我一双高跟鞋，我将征服世界。

高跟鞋的意大利文是stiletto，即一种刀刃窄细的匕首。事实上，高跟鞋就像是一把尖锐的匕首，威胁着女性的健康。

科学家经研究发现，穿高跟鞋走路产生的震波会上传，并导致膝关节内部压力增大。时间一长，必然会导致关节损伤，患上关节炎。而且高跟鞋越高，患骨关节炎的概率就越大。

广州医学院曾经对100名穿高跟鞋的女性进行调查，发现穿高跟鞋导致腿部、足部疼痛、酸胀等不适的发生率高达93.6%。

既然如此，为什么高跟鞋还受到女性的青睐？为什么在大街上，到处都可以看到脚蹬高跟鞋的女性？

从颜值经济角度分析，一方面，高跟鞋可以增加女性的美感。女性穿上高跟鞋，能够使足背拱起而显得小巧，大、小腿肌肉绷紧而显得修长，重心前移使胸部前挺，腹部和臀部随之收紧，令女性体态更加优美和性感。而男人更喜欢女人夸张的身材。

另一方面，高跟鞋可以增加女性的身高，可以增加修长身材的美感。

一般来说，女性的普遍身高是低于男性的，高跟鞋可以从观感上有效修饰女性的身材，而高挑的身材会让女性具有更大的魅力。

其实，身高只是一个相对现象。比别人高几寸，总比别人矮几寸要好得多。问题在于，如果所有女性都穿高跟鞋，这种优势也就一样了。用流行的概念来讲，这其实是一种"内卷"。

关于什么是"内卷"，有人曾这样比喻：假如任我行不将《葵花宝典》销毁，而是将其刊印天下，那么江湖中人人都有机会练习这种邪门的"神功"；如果练了，你就要"自宫"，而且不一定就会占据优势，因为人人都会练习《葵花宝典》。

高跟鞋的困境与其类似，一旦有人私自穿上高跟鞋来获取优势，那么相对高度就很难维持了。因此，广大女性尽管疼痛难忍，仍然对高跟鞋情有独钟。

为什么女模特比男模特赚得多？

有一位朋友曾经在北京做了多年的男模特，不过，现在已经回重庆老家做电梯销售工作了。事实上，这个圈子里大部分俊朗的男士，仅仅靠当模特这点收入很难养家，所以大多数男模都是兼职。有人说，男模的市场太小，每个月也只有一两次演出机会，不要说发展，就连生存都很困难。如今的他已经彻底退出了模特圈，甚至不愿谈任何关于模特的事情，可见那段记忆是相当不愉快。

而中国的女模特，有名气的在国内身价大致是走秀20万元，拍广告片30万元，而在国外演出时的费用更高。同样是模特，为什么女模特赚的钱要比男模特更多呢？

事实上，女模比男模赚钱多，并不是中国特有的现象，乃是一种全世界普遍存在的现象。

男模特的收入较低，有一个很重要的原因，就是女士时装市场比男士时装市场大很多。

女性比男性更爱美，她们追求时尚的欲望大大超过了男性。在时装界，女性服装的市场占有率极高。因此，女性服装能给公司带来更大的销售比例，让公司获得更多的利润，所以女模的薪酬自然要比男模高了。

通俗地讲，女装市场的"盘子"很大，而男装的市场"盘子"很小。

在美国，女性朋友每年买衣服的花销高出了男人两倍；在中国，女性服饰的消费更高。所以，对于女装制造商来说，他们会不惜花费高价聘用最能展现现代服装之美的女模特，为女装宣传代言。

比如《时尚COSMO》《瑞丽》之类的时装杂志，在女士服装和化妆品上有着巨大吸引力。每一期杂志上都刊登着大量的女模特照片。女模特展示的服装绚丽多彩，更让顾客有欣赏、选择的余地。因而，女模特比男模特更有市场，也是顺理成章的事情。

| 第9章 |

工业设计中的经济思维

产品设计和营销,是企业的两大关键部门。工业设计是以大量的调研数据为基础的,因此,产品设计兼具经济、人性化,是工业设计的总体原则。

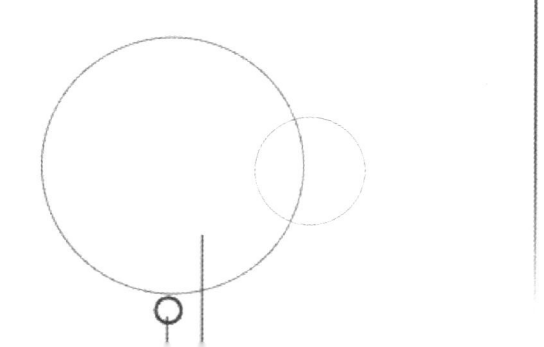

为什么QWERTY键盘占据主导地位？

键盘左上方字母排列为QWERTY的键盘，是最常见的键盘。

这种设计，是克里斯托夫·肖尔斯在1868年发明的，还申请了专利，之后于1873年被雷明顿购得。

QWERTY键盘的一个特点是，常用字母被有意地分隔开来，原因是避免打字机里的连动杆（typebar）纠缠在一起。

随着技术的进步，连动杆纠缠问题已经可以轻易解决。于是，1936年，美国人奥古斯特·德沃夏克（August Dvorak）就设计出了另外一种键盘，将常用字母归在一起，以期提高打字速度。这种键盘被称为Dvorak键盘。但Dvorak键盘没有流行起来，世界上最常见的键盘仍然是QWERTY键盘。

这个案例，经常被用于说明市场因为技术锁定而失灵。

这个案例常被解释成，尽管后来出现了一种更有效率的设计，即德沃夏克设计，但据称是效率更低的QWERTY设计一直维持着它在市场中的支配地位。

这个寓言是由经济史学家保罗·戴维德引入文献的，自那以后它便成为讨论标准设定和网络外部性的文献广泛引用的案例。

然而，学术界对这个事件却存在争议。有人认为，这表明市场存在缺陷，由于用户的惰性，无法推广更有效率的技术。

但也有学者对这种说法嗤之以鼻，认为Dvorak有更快的打字速度纯粹是一厢情愿的幻想。迄今为止，尚未有任何证据表明，用Dvorak键盘打字快于QWERTY键盘。由美国海军完成的测试，证明德沃夏克设计的键盘更为优越的那个测试，其主持者实际上就是这个专利的发明者和所有者——中尉指挥官奥古斯特·德沃夏克。

在市场上，不同的键盘依然在相互竞争着。

为什么开冰箱时冷藏柜灯亮，而冷冻柜却不亮？

在开冰箱的冷藏柜时，那里面的灯会随着门的打开而马上亮起来。可是在打开冷冻柜时，那里面却没有灯。

经济学思维会对生活中的很多事情进行成本收益分析，甚至将边界延伸到工业设计上。

冰箱已经成为普通家庭必备的家电，由于各大厂商竞争激烈，所以价格并不昂贵。

安装一盏打开门就会自动亮的灯，不管是安装在冷冻室还是冷藏室，在成本上几乎是一样的。这也就是经济学家所说的"固定成本"。它不会根据用户开关冰箱门次数的多少而发生变化。

为何冷藏室有灯而冷冻室却没有

从收益方面来看，如果柜子里有灯，找东西时也就更方便了。

大部分人开冷藏柜的次数比开冷冻柜的次数要多。显然，在冷藏柜安装一盏灯的好处更多。所以，既然加装一盏灯的成本相同，那么，根据成本效益原则，在冷藏柜安灯就比在冷冻柜安灯更划算。

当然，并不是所有的工业设计都遵循这一思路，比如某款国外品牌推出的一款奢华型冰箱，不仅在冷冻柜安了灯，甚至在每一层单独的冰格里都安了灯。这种冰箱的售价超过人民币10万元。

大体上，若从什么人愿意为这类功能的好处埋单来衡量，一个人收入越高，就越有可能愿意为附加的功能埋单。所以，成本效益原则告诉我们，为了享受冷冻柜有灯所带来的便利性，追求奢华的消费者更愿意多花钱。

为什么"细长型"易拉罐能够流行？

现在有一种趋势，"细长型"的330ml易拉罐比传统相同容积的"粗短型"易拉罐更受欢迎。

如果能把易拉罐制造得再矮一点，再胖一点，在容积不变的情况下，会节约很多铝材。可是，这种低成本的易拉罐为什么就没有人去大量制造，反而耗费铝材更多的"细长型"易拉罐开始盛行？

这是因为，消费者在做购买决策时，会受"横竖错觉"[1]的影响。"横竖错觉"是心理学上的一种视错觉。

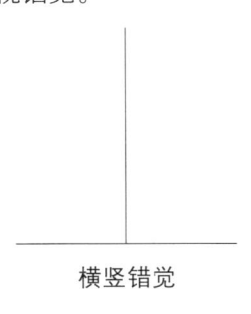

横竖错觉

---

[1] 横竖错觉是指看起来似乎是竖条更长，实际上两者长度相等。

由于这种错觉的存在，消费者容易错误地认为"矮胖"的传统易拉罐"容量小"，买这种易拉罐装的饮料"吃了亏"。

"粗短型"和"细长型"对比

注：250ml容量的"粗短型"易拉罐包装的"金红牛"和250ml容量的"细长型"易拉罐包装的"银红牛"。

红牛分两种瓶装，一种是金色瓶，外形矮小肥胖；一种是银色瓶，外形瘦高（细长）。它们都是铝制的易拉罐，且容量相同，都是250ml。

作为传统易拉罐的扩展，细长型设计由于包装具有视觉感染力且直接面向终端消费者，能使品牌商使用引人注目的设计和真正新奇的方式进行品牌推广。

细长型的易拉罐包装，较之于传统易拉罐，被认为是新奇的事物，可以成为商店货架上吸引消费者眼球的新元素。

当然，这个问题也不能仅仅从消费者的视觉上考虑。易拉罐这种发明，易用性是比制造成本更优先的考虑。

易拉罐是单人单手的易用罐装饮料，瓶罐的设计侧重用户易用性。细长型易拉罐包装更符合人体工程学，是更人性化的设计，抓握更加省力、舒适、方便，消费者无论是小朋友、女士，还是男士，均能够更容易、更安全地抓握畅饮。所以，椰树椰汁、露露、六个核桃等饮料的易拉罐都是细长状的，这也是为迎合手掌较小的女性消费者而设计的。

为什么牛奶大多是利乐包,而可乐不是?

罗伯特·弗兰克在《牛奶可乐经济学》一书中,曾讨论过这样一个问题:

大部分软性饮料,包括可乐、矿泉水等,它们的瓶子不管是玻璃瓶还是铝罐子,都是圆柱形的。而装牛奶的盒子,大多是方形的。理性地看,方形容器比圆柱形容器更经济、更节省货架空间。可是,为什么软性饮料生产商还是坚持使用圆柱形容器呢?

罗伯特·弗兰克认为,这个现象是由于大多数软性饮料能直接打开容器喝,而圆柱形容器拿起来更称手,抵消了它所带来的额外存储成本。牛奶则相反,大家普遍不喜欢就着嘴喝。

此外,由于牛奶保质期不长,大多数要储存在冰柜里,冰柜里的存储空间相当宝贵,把牛奶装在方形的包装盒里,可以节省出大量的冷柜储藏空间。

然而,很多人并不满意《牛奶可乐经济学》中的这个回答。我们不妨继续探讨这个问题。

事实上,市面上也有很多牛奶是装在圆柱形容器里的,且不说酸奶、AD钙奶之类的产品,还有一些低温鲜奶也是装在圆瓶包装里的。

此外,很多超市里的鲜果汁和牛奶的包装类似,大多采用了方形包装。

除了盒装牛奶,还有盒装冰红茶、菊花茶,盒装椰汁、盒装橙汁等。

很多牛奶、果汁之所以放在方盒里卖,是基于垄断或者说"市场占有率"的因素。

瓶装牛奶

这种软饮料的纸盒包装，名叫"利乐包"。它是由瑞典利乐公司（Tetra Pak）发明的。Tetra Pak，在瑞典语中，意指四面体包装。

由纸、铝、塑组成的6层复合纸包装，能够有效阻隔空气和光线，让牛奶和饮料的消费更加方便而安全，而且保质期更长，实现了较高的包装效率。该产品在中国的饮料包装市场占有绝对领先地位。

这家公司每年能卖1 670亿个包装盒，为全球提供756亿升液态食品，在全世界有超过2万员工，每年净收入104亿欧元。

曾有媒体将利乐描述为"乳业战场背后的军火商"，利乐攫取了每盒利乐包装牛奶利润的3/4，也就是说，伊利、蒙牛都在为利乐打工。

打个比方来说，利乐公司在饮料包装盒界的地位，犹如吉列在剃须刀界的地位。而且，利乐和吉列占有市场的策略也极为相似。1999年，牛根生另立门户，那时的蒙牛名列中国乳业的第1 116位，这时，慷慨的利乐公司将价值千万的设备以极为优惠的价格半卖半送给了蒙牛。

利乐的市场占有策略是，以近乎免费的价格把设备卖给乳企，并免费培训乳企使用，靠包装材料、耗材赚钱。

因为利乐生产设备很挑包装材料，只有利乐公司的包装材料能与其设备完美搭配，其他厂商的包装材料则很难完全适配，而且质量也难以保证。因此，即使利乐包材价格明显高于行业水平，乳企也只能选择利乐的包装材料。这种隐形的捆绑销售，令利乐公司所向披靡。利乐公司一度垄断了中国95%的无菌软包装市场。

可乐等碳酸饮料极少采用利乐包，这是因为，如果受到振荡的话，里面的液体就会膨胀，假如将碳酸饮料放进利乐包里的话，稍有振荡，盒子就会膨胀变形，甚至爆炸。

因此，无论是从力学，还是从美学角度来说，将碳酸饮料放在利乐包里都不是明智的选择。

| 第10章 |

大逻辑管着小逻辑

市场是一个复杂系统。大逻辑管着小逻辑,软道理服从硬道理。而在逻辑背后,可能还有隐藏的逻辑。在大逻辑下,模糊的正确,胜过精确的错误。

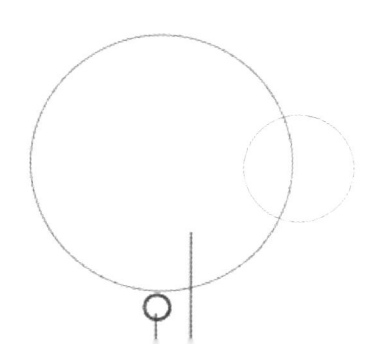

犯罪率和堕胎相关吗？

犯罪率和堕胎，听起来像是两个完全不相干的概念。但经济学家史蒂芬·列维特和史蒂芬·都伯纳认为，正是堕胎的合法化使得美国的犯罪率大大降低了。

那么，它们是怎样联系起来的呢？这个听起来让人摸不着头脑的因果关系又是怎样实现的呢？

我们首先从堕胎谈起。

一般情况下，怀孕是一件非常值得庆祝的事，但在有些人看来却并不是这样的。她们对这个孩子的到来并不感到高兴：或者，她还没有结婚；或者，她非常贫穷；或者，她因为自己抽烟、喝酒而给不了孩子幸福；又或者，她根本就不想要孩子。

总之，如果一个女人想到了堕胎，那肯定是因为她不能给将要出生的孩子幸福。

但是，如果堕胎不合法呢？

在无计可施的情况下，孩子出生了。但是，因为他并不受欢迎，因为成长环境很糟糕，因为很可能会缺少必要的教育，所以这些孩子长大之后便成了一个国家犯罪的主力，这几乎是没有任何悬念的。

据一项调查显示：在美国，在堕胎还未合法化的时候，那些不受欢迎的孩子日后贫穷的概率比正常情况下出生的孩子高50％；此外，他们生长在单亲家庭的概率也高达60％。而上述这两个因素是人走向犯罪的重要原因。

值得注意的是，在美国堕胎合法化的大约20年后（20世纪90年代），即一个婴儿可以成长为青少年的时候，犯罪率竟然奇迹般地下降了。换句话说，是堕胎的合法化，使得那些日后大概率会成为犯罪分子的婴儿提前消失了。

也许有人会提出质疑：堕胎合法化和犯罪率下降是不是只是存在联系，而并不是什么因果关系？

针对这一问题，专家们也做了解答。因为在美国，堕胎合法化并不是在全国同时实施的，不同的州对这一政策的实施时间不同。纽约、加利福尼亚、华盛顿、阿拉斯加、夏威夷是较早实施这一政策的州。而研究表明，这5个州的犯罪率下降的时间也早于美国其他州。

此外，调查还证明了一个事实：堕胎率高的州，犯罪率就相对低。而在堕胎合法化之前，堕胎和犯罪率的这种联系却是不成立的。

因此，虽然其他因素也会不同程度地影响犯罪率的变化，但堕胎合法化却从根本上降低了犯罪率。

取消预订，要不要收费？

小明假期打算去东南亚旅行，机票和酒店都预订了，后来有事情没去成，取消预订酒店时被扣了一笔取消费，去退飞机票，又被航空公司扣了一大笔退票费。但是，他在租车公司预订的一辆车，取消不用了，租车公司却没有另外收费。这是为什么？

来往于机场与酒店之间的出租车，生意一般会受机场与酒店的影响。

航空公司与酒店对顾客实施取消预订收费制度，就已经限制了顾客取消预订的动机。因为取消预订会使顾客的出行成本大增，所以，除非是实在脱不开身，否则顾客是不希望改变行程的。

因此，租车公司就没有必要再加收取消费了。

而且，与机场和酒店相比，租车公司的资源流动性比较大，可调整性比较灵活，一个顾客取消了预订，可以及时安排车辆去接送别的顾客，并不会影响公司的整体收益。

但是航空公司与酒店就不同了，它们的资源是固定的，一个顾客取消了预订，很难在短期内重新销售出去。

酒店都是以盈利为目的的，若不对顾客的取消预订行为收取费用，一是会纵容顾客随意取消预订；二是会造成酒店空出很多房间，增加酒店的运营成本。因此，酒店需要通过收取取消预订费来维持其基本收入。

同样的道理，航空公司若不采取昂贵的退票费，飞机上就会出现相应的空位，也会造成成本的增加。所以，航空公司要想维持自己不亏本，对取消预订机票的行为收取一定费用是非常必要的。

当然，一家租车公司不向顾客收取"取消预订费"，也迎合了顾客不愿掏腰包的心理，也就比同业其他公司多了一大竞争优势。它的信用度会越来越高，会受到顾客的欢迎，从而为自己赢得更多的回头客。

"AA制"会导致更多花费吗？

在饮食聚会以及旅游等场合，一般是"AA制"，也就是大家平均分担所需费用。

在同学或同事聚餐时，大家的生活水平差不多，不可能一个人或几个人来请大家吃饭。这时候，一般都是采取平均分摊账单的方法付款的。

人们普遍认为平均分摊账单，既可以吃得比平时好，还可以省很多钱。那么人们在餐馆吃饭或是去唱歌，平摊花费到底会不会省钱？

比如10个同学一起去聚会，有人可能点一瓶15元的饮料就可以了，而有的人要喝两瓶，就是30元。这时候，喝一瓶的同学就会比原来多花钱。而喝两瓶的同学可能自己本来就打算喝一瓶，但一想到大家一起平摊，就喝了两瓶。对于他来讲，只比喝一瓶的时候多付1.5元钱就可以了，所以就多要了一瓶。

这样一来，无论是喝两瓶的同学，还是喝一瓶的同学，他们平均每人的消费都要高于原来自己一个人的消费。

平均分摊账单花钱多，还有一个原因：它使每个人都想消费比自己单独消费时更多的钱。最终导致每个人分摊了更多的钱。

尽管平均分摊账单不是很公平合理，且没效率，但它导致的损失通常也不会很大，同时也给大家聚餐带来了很大的方便。当然，还要考虑一个因素，那就是由于类似于"团购"，带来了议价优势，可以向商家争取优惠。此外，以较少的钱，体验到更多的商品和服务，即使"浪费"一点，也是值得的。

解救印度女性的"上帝之手"竟是电视

女性在许多国家都处于弱势地位。例如，新中国成立前，这种现象也是相当严重的。一般，把女性解救出来的途径是进步人士发起的改革，或者政府实行的一些有效的措施。而现在，有一种说法是：电视机的普及，提高了印度女性的社会地位。

这种说法有一定道理。

在印度，"重男轻女"的传统观念十分顽固。有一项调查显示，在已有儿子的印度家庭中，只有10%的家庭还想要孩子；但是，在只有女儿的家庭中，这个比例却是40%。那么，印度女性的生活现状就可想而知了。

在印度的家庭中，女性因为一些极小的事而遭受丈夫的毒打是极其常见的事情。并且，几乎在生活的各个方面（教育、医疗等），印度女性都受到不平等的待遇。

针对这种糟糕的情况，印度政府也曾做出过努力。

政府下令：禁止印度家庭因为怀有女婴而为孕妇做流产手术；从资金方面出台政策，用于扶持女性；设法禁止女性出嫁时，婆家向女方索要嫁妆，以减轻养女孩家庭的经济压力。

但是，由于这些政策实施起来，要么过程烦琐，要么成本过高，要么涉及印度的传统习俗，所以收效甚微。

直到2006年，女性受压迫的情况在印度的某些地方似乎好转了。这一转变引起了一些嗅觉敏锐的经济学家的注意。

经过对不同因素进行数据分析，他们发现：在2001—2006年的这段时间里，有线电视在印度大范围普及开来。

随后，通过对近3 000个家庭进行调查，他们得知：在能观看到有线电视的印度家庭中，女性的地位似乎上升了许多，而且她们更有可能独立。这一结果的出现，让许多人感到吃惊。

同时，有人怀疑被调查的这些印度女性是否说了实话，即调查数据是否可靠。针对这一疑问，调查人员想到了从更加客观的数据入手，那就是：婴儿出生率。

结果经济学家通过研究发现：在拥有有线电视的印度农村家庭中，婴儿的出生率逐渐低于没有有线电视的家庭。这一变化说明，这些地区的女性有了更加自由的生活空间，同时，她们所承受的生育风险也降低了。

此外，在有有线电视的家庭，在男孩入学率没变的情况下，女孩的入学率也相应提高了。

至此，这些几乎不受人的意志影响的客观数据为该结论做了一个完美的诠释：解救印度女性的正是看似完全不相干的电视。

或许是印度的女性们通过电视节目看到了世界上大多数女性的自由、独立的生活，使她们意识到了自己的价值，从而敢于反抗了；或许是外面开阔、平等的世界让印度的男性意识到了自己行为的不妥，从而开始善待自己的妻子了……总之，糟糕的情况就因为"看电视"而出人意料地改变了。

为什么一些医生喜欢给患者开过量的抗生素？

过量使用抗生素的危害性，众所周知。为什么一些医生还是倾向于给患者开过量的抗生素呢？

首先，抗生素可以帮助医生、医院获得更大利润。

抗生素过量的使用，除了医生"经验先行"的因素外，还因为某些医院靠卖药盈利，医院会根据医生卖出的药钱给予适当奖励。

在某些医院，抗生素占全部药品收入的30%左右，甚至更多，而住院患者花在抗菌药物上的费用更是占到总费用的一半以上。

一些医生对多开抗生素意味着收入增加的事实心照不宣，这也成为行业内的潜规则。

还有一些医生一心求快。

比如病毒性感染的感冒，一般不需要抗生素。因为很少有抗病毒的特效药，一般患者通过自身免疫系统能成功对抗病毒。在这种情况下，医生根本不需要开抗生素。

要不要开抗生素，还需要做相应的诊断。假如有一位患者花了几百元做了细菌培养，最后只开了几十元的抗生素，患者也会提出质疑。此外，细菌培养至少需要两三天，很多医生为了"保险起见"，就提前开抗生素。为了快速达到疗效，许多医生还会选择广谱抗生素，或者让患者预防性用药、超范围大剂量用药。

很多患者本来无须使用抗生素。笔者曾经身体不适，前往某三甲医院看病，被医生开了990元的青霉素注射液。因为笔者起了疑心，就去协和医院找了一位教授诊治，最终开了14元的药物治愈了。

在一些患者心中，抗生素是万能药，它可以使自己好得更快，于是，会主动要求医生开抗生素。不幸的是，当一份又一份的抗生素处方累积下来，最终催生出了更多带抗药性的有毒变异细菌。抗生素滥用，更多的是一个社会问题。

为什么津巴布韦大象数量暴增？

日本是世界捕鲸业最发达的国家之一。仅2008年一年，日本就猎杀了500多头小须鲸、440头抹香鲸。而挪威计划在2009年捕杀小须鲸655头。

1986年，由于担心鲸鱼可能绝种，所以，出台了一项暂停商业猎鲸的国际法规。

牛肉是一种我们最熟悉的食物，人们喝牛奶、吃牛肉，却没有人担心这个物种的消亡。这是因为，牛的产权是明晰的，几乎所有的牛都是有主人的，今天你杀了一头，明天就会有人养三头。

除了牛肉，猪肉、鸡肉等也是人们餐桌上常见的美食，可是从来没有人听过这种消费会导致猪、鸡的绝种。

为什么在一个市场系统中，可以保证产出足够的牛、猪和鸡，而鲸鱼却面临绝种的危机呢？

归根结底，鲸鱼面临绝种，是因为所有权的问题。它们在公海里巡游，没有人能拥有它们的所有权。

日本和挪威等捕鲸国家，知道这种做法会威胁到鲸鱼的生存，损害自身的生计。捕鲸的人也明白，自己捕不着的鲸鱼，最终也会被别人捕获。

经济学家从财产权着手进行分析，农民拥有他所养殖的食用牲畜，他们常将这些动物视为自己的私有财产，因此，觉得有必要好好照看它们，增加存栏数量。

世界上大多数的牛、羊等畜生都是有主人的。人们会随时平衡自己蓄养的家畜的数量。

如果一个人的谋生手段是养牛，那么这个人就会使送去市场的牛和新养的牛在数量上基本保持平衡。

而鲸，与其相反，一方面，人们知道鲸鱼属于无主之物，猎杀鲸鱼可以赚大钱，很多人蜂拥而至；另一方面，对于保护和繁衍鲸类，没有直接利益而无人问津。

1986年，英国的加勒特·哈丁教授在《科学》杂志上发表了一篇题为《公共地的悲剧》的论文。哈丁提出：在公有的草地上放羊，放牧人因为增加放养的羊会给他个人带来利益而不断增加羊的数量，但草地的饲养容量是一定的，当羊的总数超过整个草地饲养量时，草地就会慢慢荒芜。

之所以出现这种现象是因为：对每一个牧羊人来说，增加放养的羊会给他个人带来利益，而由此导致过度放牧的损失则由全体牧羊人来承担。这种对公有资源的过度使用，导致了公有的东西总不如私有的让人爱惜。

从本质上说，鲸鱼面临物种濒危，是一种"公共地的悲剧"，也是一种"囚徒困境"。对于每个捕鲸人而言，努力捕杀是他们最好的选择，但对于全体捕鲸者而言，只有大家都遵守规则时，集体才能获益。今天的人们越来越关注资源与人类社会的发展问题，逐步认识到自然资源产权的重要性。

津巴布韦的野生大象也曾一度濒危，20世纪70年代中期，津巴布韦开始对这些大象实行产权分配政策。此后，尽管允许捕猎，可实际上，津巴布韦的大象数量一直在持续增长。到2019年，津巴布韦已经拥有了8.3万多头大象，野生动物管理部门和公园对该国大象数量的激增表示遗憾，声称养不起了。

为什么一些企业待遇基于年功序列,而非绩效?

企业发展的好坏,与员工的工作绩效有很大关系,但是,很多企业在制定员工薪水时,是根据员工的服务年限,而不是绩效,这是什么原因呢?

亨利·福特曾说:"我宁愿牺牲50%的效率,来换取100%的忠诚。"企业用人,不仅需要员工的能力,还需要员工的忠诚。

人员流动性过大,对企业是非常不利的。雇员流动性过大,将直接提高企业的培训成本和沟通成本,而且会降低企业的执行力和竞争力。

经验这种东西,通常会随着人员的流失而流失,难以积累起来。"无恒产者无恒心",雇员"军心不稳"就会导致与企业离心离德,出现短期投机行为。

经济学家罗纳德·科斯认为,企业的性质和存在的意义在于,以行政管理手段代替市场交易,以节约市场交易成本。

在科斯的交易成本里面,既包括信息搜集的成本,也包括谈判成本、合约成本、执行成本,等等。进而,科斯把这个费用问题扩大化,引入了社会成本的概念。

年功序列制曾经是日本企业管理的一大法宝,它是企业凝聚人心的有效手段。传统日本公司的正式雇员,从受雇之日起,每隔几年职务便会上升一级,待遇也会随之上升。一个人为企业服务的时间越长,资历也就越深,职务和收入也就越高。

日本的年功序列制度还有一个特点,就是在40岁以前上升慢,50岁以后上升快。到了退休年龄,公司一次性发给雇员一个"大红包",少则数百万日元,多则数千万日元。这其实也是年功序列激励制度能够长效化的一种策略。

年功序列制是一种企业防止员工怠工与作弊的机制，因此，日本员工从受雇的那天起，就像是在爬梯子，必须从第一阶登起，越往上爬越有盼头，直到多年的媳妇熬成婆，才能功成身退颐养天年。这其实也节约了员工频繁跳槽导致的交易成本。在这种制度下，要中途改行是不现实的，因为即使别的企业接纳了你，你还得从头再来，以前下的功夫全白费了。

俗话说："没有功劳，也有苦劳。"年功序列制度强调为企业服务的年限，同时进公司的员工，头10年职务、待遇一般拉不开差距。只有极少数做出突出贡献的人，才能获得破格提拔。

年功序列有利于企业内部和谐，因为先来者和后来者只能各自做好分内的事，缺少"踩着别人往上攀"的机会，同事之间的利益冲突就少了很多。

人都是经济性动物，因而，在人才流动过程中，经济因素必将占很大比重。但是，纯粹的高收入，也许能暂时吸引人才，却未必能长久留住人才。

随着员工工作年限的增长，他们的工资也会不断增长，即使老员工的工作效率不比当年，但他们的资历仍然很高。

企业应该向员工提供更多的晋升机会，或是更多的培训，让员工不断充实自己，向更高层次发展。企业不断为员工们提供学习新知识、新技能的机会，会让员工越来越忠诚于企业，并长期留在企业发展。

在星级酒店里要不要给服务生小费？

小费模式其实是一种服务业的差异化定价模式。

给服务生小费，在欧美文化中被认为是一种对服务的认可和尊重，在国内仍处于"犹抱琵琶半遮面"的状态。

在一些高档星级酒店、涉外宾馆，普遍存在着顾客给服务生小费的现象。在一些娱乐场所的洗手间，也会看到保洁员放置的盘子里放着一些零钞。对于很多低工薪的服务人员来说，小费也是一项重要的收入来源。

小费模式，其本质是一种服务业的定价模式。以餐馆为例，餐馆就餐的成本分为两部分：第一是饭菜的成本；第二是支付给服务生的工资。饭菜的成本是固定的，但是，服务生的服务质量却难以量化。所以，在收取小费的餐厅，一般来说服务生工资很低，只相当于底薪。而小费相当于他们的绩效工资。所以，在有些国家，不是应不应该给小费，而是必须给小费。中餐是消费额的10%～15%，晚餐是15%～20%。这是服务生的合理收入。

一般来说，服务生也会"看人下菜碟"，根据对不同顾客给小费慷慨程度的预期，提供不同等级的服务质量。

同是网上叫车，苹果手机和安卓手机的定价是不相同的，这同样是一种差异化定价，被口诛笔伐为"大数据杀熟"，因为它是一种强制性的价格歧视。与之相比，小费这种定价模式就高明多了。

我们做个假设：国人天然有了付小费的习惯，那会发生什么？

首先是服务生在短期内收入剧增，很多优秀的人会转行做服务员。服务员开始供大于求，老板开始压低工资。长期均衡下来，服务生的收入并没有增加。餐馆老板由于给服务员的工资降低了，成本也就降低了。这个时候，他为了保持在同行业中的竞争力，就会在饭菜、酒水等环节降价。

从经济学的角度看，给小费这种模式长期化，服务生的收入并不会因获得小费而提高，而顾客支付的成本也没有因小费而增加。

当服务费已经包括在顾客的账单里面时，顾客就没有必要再给小费了。

还有一个原因是，酒店行业竞争激烈，即使顾客不给小费，服务员还是会提供到位的服务，不会因此而故意降低服务质量。否则只会把顾客赶走。

那么，在什么时候需要给小费，什么时候可以不给小费呢？

在餐厅内付小费，顾客在结账时将现金找回中的部分零钱留下，而不把小费直接付给服务生。有些餐厅为了让顾客多给小费，会在找零数额较大的时候，故意找给顾客一堆硬币，你当然可以毫不犹豫地统统收起，不过最好留下2～10个硬币作为小费。

　　当然，小费并不是越多越好。顾客多付小费，会得到较快的服务，但是也会为此招来埋怨。有时给太多的小费，反而会被别人当作傻子，那些员工会在背后嘲笑你。

　　其实，给不给服务生小费完全在于你，如果你觉得那里的服务的确很好，并且你又不介意给小费的话，就可以给。

　　一般而言，在酒店享受到非常好的服务时，顾客会给餐费20％的小费；要是服务还不错，就会给15％；服务不怎么样的情况下会给10％。但如果出现服务让顾客很不爽的情况，也可以拒绝支付小费。

| 第11章 |

概率统计与不确定性的世界

我们所处的世界是一个充斥着高度不确定性（或然性）的世界。

所以，概率与统计，是经济学家最常用的思维工具。经济学家约翰·梅纳德·凯恩斯本人就写过一本名叫《概率论》的书。不确定性，是经济学所要解决的另一个硬核问题。

人们容易混淆相关关系与因果关系，通常因果关系隐藏在杂乱无章的数据和众多似是而非的线索之中，发掘因果关系需要严谨的论证和极具针对性的技术手段。通过概率与统计的方法，可以推翻很多似是而非的说法。

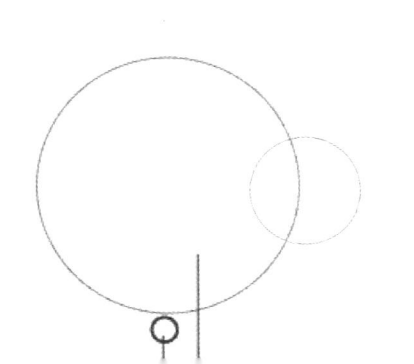

老大要吞并老二，出多少钱合适？

1654年，正值文艺复兴鼎盛时期，法国的德·梅雷骑士决定拿一道难题考考自己的好朋友、著名数学家布莱士·帕斯卡。

这道题涉及一盘两人的赌局，其中一方已经领先，但由于国王召见，不得不提前结束赌局，那么应该如何分配筹码？

将这个问题用现代语言简洁地归纳起来，可表述如下：

A和B两人公平地轮流投掷硬币。正面先出现3次的话就是A胜利，反面先出现3次的话就是B胜利，胜利者可以获得全部的奖金。但当正面出现2次，反面出现1次时，投硬币游戏就会出于某种原因不得不中止。请问此时，从概率学的角度来看，要以什么样的比例分配奖金才显得公平呢？

帕斯卡深入思考了这个难题，得到了一个答案。但当时，这样的概率计算还是有史以来的首次尝试，即便是天才帕斯卡似乎也无法确认自己的计算是否正确。于是，帕斯卡以这个解法为话题，与其他的一些（现在来看的）概率问题一起写信寄给了费马。对于帕斯卡而言，当时能够参与解答这个难题的非费马莫属。而且两人虽然没有见过面，但也是互相了解并互相尊重对方才能的。

帕斯卡于是向杰出的数学家费马求助，他们共同努力的成果在科学界轰动一时。

这个17世纪法国贵族的赌博游戏带来的却是风险概念的数学核心——概

率论的正式产生。

帕斯卡生于1623年，16岁时已经发表了《圆锥曲线专论》，这篇论文后来被载入了数学史册。相传当时最著名的数学家笛卡尔（当时44岁）甚至无法相信这篇论文出自一个16岁的少年之手。

在帕斯卡创立概率论的1654年11月，他经历了一次神秘体验。这次神秘体验成了促使他皈依宗教的直接原因。帕斯卡相信上帝，并给出了理性的论证。"帕斯卡的赌注"是帕斯卡在其著作《思想录》中的一种论述："我不知道上帝是否存在，如果他不存在，作为无神论者没有任何好处，但是如果他存在，作为无神论者我将有很大的坏处。所以，我宁愿相信上帝存在。"他在书中指出，鉴于永恒的快乐拥有无限大的价值，追求虔诚的生活才是理性的选择。这是因为即便虔诚生活带来永恒快乐的概率极低，这一小概率乘以无限大的结果还是等于无限大。帕斯卡写道："如果上帝存在，他必然无法被人类了解，因为上帝没有任何局限，他和我们完全不同。我们无法知道上帝究竟是什么或者他是否真的存在……你必须赌一把。既然已经上了牌桌，你别无选择。如此一来，你会做何选择？……让我们再来权衡一下相信上帝存在的得失，估量下两者的概率。如果你相信上帝存在，而他真的存在，你得到了一切；如果你相信上帝存在，而他其实并不存在，你也没有任何损失。既然如此，当然要赌上帝是存在的。"自那以后，帕斯卡的赌注就成为哲学家热议的话题。将不同结果和其发生的概率相乘，这种做法就属于现在的决策理论（decision theory），这是一种寻找最佳选择的数学方法。

我们再回到"赌徒分金"的问题上，这道题其实是有原型的，它是由一名叫作卢卡·帕乔利的修道士在15世纪提出来的。另外，值得一提的是，正是这位修道士发明了复式记账法，复式记账法被誉为"资本主义的高塔"。

赌徒分金这个模型在当下仍有现实意义，如互联网行业集中度很高，是一个"老二非死不可"的高度竞争的领域。在老大、老二已经决出高下的情况下，如果老大要兼并老二，应该开什么价码？

17世纪中期，帕斯卡发现（或者说发明）了一种前无古人的概率性的思考方式，并以此为开端改变了世界。如今，我们的生活已经与概率密不可分，可以说是难以想象离开了概率的生活。另外，在数学中，这一源于分析赌博的理论并非主流派系，相较于其他领域，概率论显得颇具个性。

在帕斯卡和费马创立概率论的时候，两人都是欧洲最著名的数学家，他们本身也对概率论中提到的问题非常感兴趣。这样的情况很容易让人以为当时的概率论可以大有进展，事实却并非如此。这两位天才数学家到最后也没有为我们留下有关概率论的正式作品。

数年后，荷兰数学家惠更斯虽然写下了论文，但之后不久牛顿和莱布尼茨就确立了微积分学，数学家们（包括惠更斯在内）都开始沉迷于微积分的世界，此后，在将近50年的时间里，概率论的研究几乎毫无进展。尤其是牛顿，他对概率论表现得毫无兴趣。

酒后步行比酒后驾驶更危险

在《魔鬼经济学》一书中，作者认为，死于交通事故的人，醉酒步行比酒驾高5倍。作者是怎么计算的？

酒后驾车的事故频繁发生，比清醒状态下发生交通事故的概率高出很多倍，为此国家采取了多种措施来减少甚至杜绝酒驾行为的发生。

2011年5月1日，我国出台了相关的法律政策。自政策施行之日起，凡是在道路上醉酒驾驶机动车的，一旦被查获，将面临的是最高半年的拘役处罚。其性质也由过去的行政违法行为变成了刑事犯罪行为。

书中说：每年醉酒司机驾车行驶210亿英里，每年酒后步行为3.07亿英里；交通事故中，每年死于酒驾的约1.3万人，每年死于酒后步行的有1 000多人。

因此，通过计算得知，每英里路程，醉酒后步行者的死亡概率是醉酒后驾车死亡概率的5倍还要多。

从这个角度讲，如果喝酒之后在道路上步行，其实比现在被人们深恶痛绝的酒后驾驶更危险！

假设，在和一群朋友聚会时，你喝了很多的酒。由于路途不远，你选择步行回家，这一提议肯定会得到朋友们的赞同。但是，在看了那些血淋淋的数据后，你还敢这样做吗？

所以，通过统计数据可以看出，酒后在道路上步行比酒后驾驶还要危险。

说到这里，有一个问题必须说明。作者极力证明的这个观点，只是说明一个很容易让人想当然的看法，并不是提倡酒后驾车。

要想确保你和他人的生命安全，请大家谨慎对待餐桌上的美酒！

幸存者谬误

曾经声名狼藉的投机客维克多·尼德霍福坦言："在我年轻的时候，人家叫我赌徒，操作规模变大之后，人家叫我投机客。现在，大家都尊称我为银行家。其实，我从头到尾做的都是同样的事情。"

> 1 000名投资专家参加一场俄罗斯轮盘赌，每6个月进行一次闯关游戏。
> 枪里装有两颗子弹（这样比较接近CEO做市场决策时的成功概率）——
> 爆头游戏第一季：大约300名幸存，700名CEO喋血于市。
> 爆头游戏第二季：大约100名幸存，200名被爆头。
> …………

走到最后，只剩下1名投资专家，就是乌有公司的老总邬龙先生，他还写了一本书叫《赢了》。不读你也可以猜到，他的书可以浓缩成一句话：他总是在正确的时候做了正确的事情。他会说自己之所以闯过鬼门关，是因为自己机灵。

投资市场，哪位专家幸存下来了，立刻就会成为媒体的热点。这可能是媒体的无知，人们都喜欢用表面的东西理解世界，比如连续10年盈利，这人一定具有很深刻的洞察力。或者是媒体的噱头，为了抓住受众，夸张的溢美之词层出不穷。

这是典型的"幸存者谬误"：一个傻瓜只是因为幸运存活下来了，却成为人们心中的能人，而其他999个死者却被人们遗忘。

是运气，还是能力？

个人的奋斗固然重要，但也要考虑到"历史的进程"。

组织2 000万群众，大家一起玩一个抛硬币的赌局（本书所提硬币，假设绝对均匀）。

正面算赢，反面淘汰。

每天抛一次，逐场PK。

输者罚1元钱，退出游戏。最后剩下10名赢家分享2 000万奖金。

根据大数法则，第一天将近1 000万人被淘汰。

第二天，大约还有500万的幸运者。

第三天，大约还有200万的幸运者。

第四天，大约还有100万的幸运者。

第N天，产生了10名幸存者。

他们是走运吗？

是他们掷硬币的技术比别人好吗？

是他们比较聪明吗？

是他们学历比较高吗？

无他，运气而已，只是运气。

大数法则，是偶然中的必然。

可是，有些人就是不肯承认运气。把运气视为唯心主义的人，才是真正的唯心主义者。

还有人试图寻找这10个人的共同点，如身高、相貌、性格、学历，于是，成功学就诞生了。

成功学的思路是，先提出一个论点，然后寻找论据。正如一个律师，不会给自己的当事人网罗不利证据。他们对相反的证据视而不见。

成功学大师经常会开出如下药方：

（1）谦逊。

（2）自信。

（3）勤奋。

（4）坚韧。

这些当然是普世价值，但大师没有见过成功的狂徒吗？人究竟是成功后变得自信，还是自信后才成功？明明有电梯，为什么非要爬楼梯？明明有座桥，为什么还要摸着石头过河？

成功学的本质就是把小样本中的特征，强推到大样本中去。

冒牌管理学家也一样，他们都不知道（或假装不知道），大的成功，多是基于运气。

甲专家：多元化战略能让企业在市场竞争中立于不败之地，不要把鸡蛋放在同一个篮子里。

乙专家：专业化的企业存活率高，更长寿。

他们假装没有看到，专业化的路上枯骨无数，混合经营的路上也是尸横遍野。

看起来不那么随机的随机

2005年1月，苹果引入了iPod Shuffle，这是一个更具革命性的创新。

乔布斯注意到iPod上面的"随机播放"功能非常受欢迎，它可以让使用者以随机顺序播放歌曲。这是因为人们喜欢遇到惊喜，也懒于对播放列表进行设置和改动。

有一些用户甚至热衷于观察歌曲的选择是否真正随机，因为如果真的是随机播放，那为什么他们的iPod总是回到诸如内维尔兄弟乐队（The Neville Brothers）这儿来？

他们据此认为播放根本不随机。

这个有趣的争论引起了乔布斯的注意，他随即设计了一款名为"iPod Shuffle"的产品。

乔布斯明白，人们对"随机"的理解是非常主观的。于是乔布斯干脆放弃了真正的随机算法，用他本人的话说，改进以后的算法使播放"更不随机以至于让人感觉更随机"。

当项目经理正努力制造一款体积更小、价格更低的闪存播放器，他们试图把屏幕的面积缩小时，谁也没有想到，乔布斯竟然提出了一个疯狂的建议：干脆把屏幕全部去掉吧。"什么？！"项目经理没有反应过来。

"去掉屏幕。"乔布斯坚持。项目经理担心的是用户怎么找歌曲，而乔布斯的观点是他们根本不需要找歌曲，歌曲可以随机播放。毕竟，所有的歌曲都是用户自己挑选的，他们只需在碰到不想听的歌曲时按"下一首"跳过去就可以了。iPod Shuffle的广告词是："拥抱不确定性。"

失踪的弹孔

1902年，亚伯拉罕·沃德出生于当时的克劳森堡，隶属奥匈帝国。

沃德是一位神童，十几岁时，就凭借出众的数学天赋，被维也纳大学录取。

但是，在沃德于20世纪30年代中叶完成学业时，奥地利的经济正处于一个非常困难的时期，因此外国人根本没有机会在维也纳大学中任教。

1933年，奥斯卡·莫根施特恩还是奥地利经济研究院的院长。他聘请沃德做与数学相关的一些兼职，所付的薪水比较微薄。

1938年，纳粹德国攻克奥地利，却为沃德带来了转机，这使得沃德更加坚定了离开欧洲的决心。几个月之后，他得到了在哥伦比亚大学担任统计学教授的机会。于是，他再次收拾行装，搬到了纽约。不久，亚伯拉罕·沃德受雇于美军统计部门。从此以后，他卷入了战争。哥伦比亚大学旁有一栋秘密公寓，这里汇聚着全美国最受尊敬的18位数学家和统计学家，他们在做一件事：通过统计学分析来降低战损。

美国空军迫切需要解决一个关键问题。在欧洲和太平洋地区的盟军飞机正在以惊人的速度被击落。在这场战争中，超过43 581架飞机可能会因为德国和日本的对空高射炮坠毁。1943年8月，在一次由376架飞机发起的空袭中，60架B-17s被击落。损失率是如此之高，以致统计上不可能让一名军人在欧洲执行任务25次。

有一次军方来找沃德，要求他看看飞机上的弹孔统计数据，在飞机的哪个部位加装装甲比较合适。

原来军方派出去的作战飞机，返航的时候往往都会带着不少弹孔回来。为了避免飞机被击落，就需要在飞机上加装装甲，但安装多了，又会降低飞机的机动性，消耗更多的燃料。

军方希望把装甲安装在飞机最容易受到攻击、最需要防护的地方。他们希望沃德能算出这些弹孔最多的机身部位究竟需要安装多少装甲。

沃德看了一下统计报告说："你们搞错了，应该安装甲的地方不是弹孔最多的地方，而是那些弹孔少的地方，特别是没有弹孔的引擎部位，一定要有装甲防护。"

沃德的回答却让军方大吃一惊，这是非常有违直觉的建议。

为什么飞机上最应该加装装甲的地方不是弹孔最多的地方，而是弹孔最少甚至没有弹孔的引擎？

沃德的逻辑非常简单：飞机各部位中弹的概率应该是一样的，为什么引擎上会很少？引擎上的弹孔到哪儿去了？原来这些弹孔已经随着坠毁的飞机消失了！军方统计的只是返航的飞机，那些遭遇不幸的飞机被忽视掉了。

飞机各部位受到损坏的概率应该是均等的，但是引擎罩上的弹孔却比其他部位少，那些失踪的弹孔在哪儿呢？沃德深信，这些弹孔应该都在那些未能返航的飞机上。胜利返航的飞机引擎上的弹孔比较少，其原因是引擎被击中的飞机未能返航。大量飞机在机身被打得千疮百孔的情况下仍能返回基地，这个事实充分说明机身可以经受住打击，无须加装装甲。

美军迅速将沃德的建议付诸实施，沃德的建议挽救了多少架飞机，在多大程度上左右了战局，我们无从知道，但美国国防部一直有一种认识：如果被击落的飞机比对方少5%，消耗的油料低5%，步兵的给养多5%，而所付出的成本仅为对方的95%，往往就会成为胜利的一方。

沃德拥有的空战知识、对空战的理解远不及美军军官，但他却能看到军官们所无法看到的问题，这是为什么呢？根本原因是他对概率的深刻认识，而概率又是一种反直觉的思维方式。专业的知识、科学的决策，让美军提高了在第二次世界大战中胜出的概率。

幸存者偏差与选择偏倚

美国军方的疏忽其实是一种典型的"幸存者偏差"(survivorship bias),这是一种困扰所有领域数据分析师的认知偏差。这是使用统计数据并理解统计偏差的重要性时令人印象深刻的案例。

"幸存者偏差"俯拾皆是,比如某天你遇见一位"直销大咖",他告诉你自己能拿到多少的佣金返点,并邀请你也参加他的直销事业。但这个时候,你应问他:失败的直销员有多少呢?

正所谓"一将功成万骨枯",人们往往因为过分关注目前的人或物以及幸存者的经历,而忽略了不在视界之内或者无法幸存的人或物,容易在不知不觉中犯下错误。

成功学的流行也是基于一种幸存者偏差,成功者或许具备意志力、情商等品格,但那些更具此类品格的失败者是没有发言权的。成功学也在贩售一份希望。有一句劝你行动起来的鸡汤式励志格言是这样说的:你要中乐透大奖,也要先去街上买张彩票吧!是的,只有努力才有机会成功,却从来没有哪位成功学大师告诉你统计学意义上的成功概率,否则就会失去煽动性。所以,任何一个真正有科学素养的人,对成功学都是持批判态度的。

幸存者偏差的另一种表述,是选择偏倚(selection bias):由于选择的观察方法不当,被选入的研究对象或观察人群与其所代表的总体间或不同组的研究对象间某些特征具有系统性差别的一种现象。

以1936年的美国总统大选为例,《文学文摘》杂志于事前进行了大规模的民调。他们向读者邮寄了1 000万份问卷,回收了230万份。根据读者的反馈,《文学文摘》预测阿尔夫·兰登将会以绝对优势战胜罗斯福,顺利当选总统。结果事实恰好相反，罗斯福成功连任。

这么大的统计样本，为什么还会出现这种误差呢？其原因就是样本选择的失误，又叫作"选择偏倚"。回收的230万份问卷是受访者的自愿选择，他们对此议题有着强烈的兴趣，根本算不上随机样本。《文学文摘》杂志社还通过电话调查的方式对自己的读者进行了抽样调查，但在当时，能订购杂志、安装电话的家庭大多很富裕，他们的观点并不能代表全美民众。

在特朗普和希拉里竞选期间，再次发生了"选择偏倚"的一幕。美国主流媒体和民意调查机构的民意调查结果显示希拉里的支持率高出特朗普几个百分点，因此在大选前夜，美国精英几乎一边倒地认为希拉里的当选率在九成以上。让他们大跌眼镜的是，统计手段全然失灵，有九成胜算的希拉里最终败给了只有一成胜算的特朗普，整个美国精英阶层被打脸。

患癌症的真正概率为多少？

东北某市电视台年轻的女主持人，经过3个疗程的化疗，一头漂亮的长发全部脱落，她依然顽强地与"病魔"做斗争。然而，就在她要做第4个疗程的化疗时，北京3家更权威的医疗机构的检验结果出来了：这位27岁的年轻人其实患的不是癌症……

宫颈癌是一种通过病毒传染的癌症，我们假设宫颈癌的发病率为1‰，是否感染此病，可以通过检查来确认。但是，误诊率为1%。也就是说——

感染宫颈癌的概率为0.1%。

没有感染宫颈癌，却被诊断为"感染"的概率为1%。

感染宫颈癌，却被诊断为"没有感染"的概率为1%。

假设一个女孩接受检查之后，非常不幸地被诊断为"感染"。此时，她真正感染此病的概率究竟为多少呢？

A.约90%　B.约50%　C.约10%

我们可以这样推算，假设1万人接受检查。这1万人中仅有10人被确诊患有宫颈癌。同时，其他没有感染此病的9 990人的1%，也就是100人会被误诊为"感染"。在被诊断为"感染"的110人中，仅有10人真正感染，概率为9%。

其实，就算原来那家医院的医生算出这位年轻的女主持有90%的概率患癌症，但事实上她患癌症的概率还是很低的，因为，如果把27岁患这种癌的概率算进去，可能会大大降低患癌的可能性。

| 第12章 |

媲美"万有引力"的一个发现

大自然似乎厌恶极端，偏爱中庸。

它的调节手段之一，就是所谓的"均值回归"。

比如非常高的父亲，儿子却往往要比父亲矮一些；而非常矮的父亲，儿子往往要比父亲高一些。冥冥之中似乎有种神秘的力量，使得人类的身高从高矮两极移向平均值。否则，用不了多少代，人类就将由特别高和特别矮的两极构成。

再如，世界上庸人最多，天才和白痴却稀少。这在统计学中，就表现为所谓的"正态分布"。

"四季交替""歪竹子生直笋""飘风不终日，暴雨不终朝"，类似这种现象，用均值回归（Mean Reversion）原理，可以合理地进行解释。

一些牛人把均值回归原理套用在经济、金融领域，似乎也取得了一定效果。但是，这样做真的有效果吗？

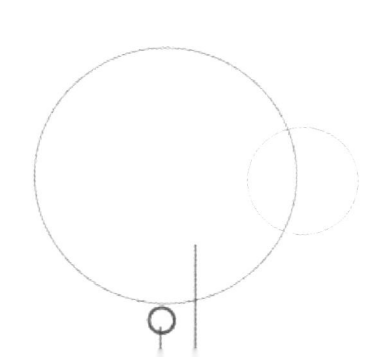

高尔顿的豌豆实验

"均值回归"现象是英国人弗朗西斯·高尔顿发现的。高尔顿出身名门，与著名的查尔斯·达尔文是堂兄弟。

高尔顿颇以自己的门第为傲。高尔顿发现均值回归的最初动机，是为了证实自己的"天赋世袭"理论。也就是所谓"龙生龙凤生凤，老鼠生儿会打洞"。但最后的结果，却难免让他失望。

"低素质"者的后代不一定素质差；"高素质"者的后代素质未必高。遗传的规律是朝着某个平均数回归。自然界"歪竹子生直笋""直竹子生歪笋"的例子不胜枚举。

大约在1875年，高尔顿用一种甜豌豆种子做实验。他把这些种子分给自己在各地的亲朋好友一起帮他做。经过大量、艰辛的实验，最后，高尔顿得出如下统计结果。

母豆荚和子豆荚的直径　　　　单位：0.01英寸

母豌豆的直径	15	16	17	18	19	20	21
子豌豆的直径	15.4	15.7	16.0	16.3	16.6	17.0	17.3

从表格中我们可以看出，母豌豆直径的变化范围比子豌豆直径的变化范围要大很多。母豌豆的平均直径为0.18英寸，其变化范围是0.15~0.21英寸，或者说是在平均值两侧各0.03英寸之内。子豌豆的平均直径为0.163英寸，其变化范围是0.154~0.173英寸，或者说是仅在平均值两边各0.01英寸范围内变动。子豌豆直径的分布比母豌豆直径的分布更为紧凑些。

这种回归，在自然界是非常必要的。如果这种回归的进程不存在的话，那么，大的豌豆会繁殖出更大的豌豆，小的豌豆会繁殖出更小的豌豆……如此这样，这个世界就会两极化，只有"侏儒"和"巨人"。大自然会使每一代变得越发畸形，最终达到我们无法想象的极端。

做完豌豆实验，高尔顿又开始对人群等目标进行统计，提出了一个普遍原理，就是我们现在所熟知的"均值回归"原理。

比如高个子父亲的儿子身高一般高于平均水平，但不会像他父亲那样高。这意味着用于预测儿子身高的回归方程需要在父亲的身高上乘以一个小于1的因子。

实际上，高尔顿估计出父亲每高出平均值1英寸，儿子的预测身高就能高出2/3英寸。

高尔顿统计父母和孩子智商之间关系的回归方程时，又发现了这种现象。聪明父母的孩子比IQ[1]一般的父母的孩子聪明，但没有他们父母那么聪明。

身高大预测

高尔顿得出的预测子女身高公式如下：

儿子成年身高＝（父亲身高＋母亲身高）×1.08/2
女儿成年身高＝（父亲身高×0.923＋母亲身高）/2

根据这个公式，姚明身高2.26米，叶莉身高1.90米，算出姚明的儿子身高为2.246米，姚明的女儿身高为1.992米。

最大可能是，姚明的儿子比父亲矮，当然也不排除孩子出于各种原因超

---

[1] IQ指智商，即智力商数（Intelligence Quotient），系个人智力测验成绩和同年龄被试成绩相比的指数，是衡量个人智力高低的标准。

过姚明的可能性，姚明的身高就远超其父亲。

卡尼曼曾经盛赞均值回归是"一个可以和万有引力媲美的发现"。

我国的农谚有云："淹三年，旱三年，不淹不旱又三年。"这其实也是一种对均值回归现象的总结。在《圣经》中，当约瑟向法老王预言"七个富年后必是七个荒年"的时候，他很可能也察觉到了这种规律。

均值回归在日常生活中的应用

均值回归原理有时也适用于日常生活，比如在体育运动方面，人人都有一个平均水准，但有时会超水准发挥，有时会低于平均水平。任何一连串的重复活动，其结果通常都会接近平均值或中间值。

例如，打网球时连续挥拍24次，如果有一个球打得特别好，下一个球就可能会拖泥带水。如果不小心打了一记坏球，下一个球通常会打得漂亮一点。

20世纪60年代，行为经济学家特韦斯基和卡尼曼曾经回以色列服兵役。在部队里，教练训练飞行员的方式，引起了他们的兴趣。

在飞行员的训练上，教练常谈到若因表现不佳而受到严厉批评，飞行员才会进步；若飞行员表现得特别好，又得到赞赏，则会退步。

教练很自然地把这种现象归因于某种心理作用，因此对进步不赞许，对退步责难。

熟悉统计学的读者也许会看出，这些教练犯了一个错误，其实这只不过是均值回归的正常现象罢了，偏偏被误解为因果关系。

于是，特韦斯基向这些教练指出了他们的理论缺陷，后来的以色列飞行员也因此改善了待遇，得到了应有的尊重。

当你表现比平时好时，要维持就比较难，听起来好像令人失望，不过相反的情况也成立，而且具有很强的激励作用。

在做决策时，最不好的情况就是明明没有特殊原因，却自以为有。趋向于均值回归是生活中无法避免的现象。

"均值"什么时候能"回归"？

均值回归原理在自然领域得到了验证，它与一些社会现象颇为相似。例如，"天下大势，分久必合，合久必分""繁荣的必将衰亡，衰亡的必将繁荣""富不过三代""君子之泽，五世而斩"……均值回归原理激发了赌客们的梦想：一连串的损失过后必将会是一连串盈利。

同时，均值回归原理成了一些风险控制理论的基础，比如在股市，人们经常说的"市场是波动的"，就是这个意思。

均值回归，从理论上讲应具有必然性。有一点是可以肯定的，股票价格不能总是上涨或下跌，无论一种趋势持续的时间有多长，都不能永远持续下去。

在一种趋势下，股票价格持续上升或下降，叫作均值回避（Mean Aversion）。当出现相反趋势时就称为均值回归。

这也是逆向投资者恪守的信条：当他们说某只股票已经"高估"或者"低估"时，表明此时股价背离了它的"内在价值"，不过股价最终是会回归的。

"内在价值"也许真的会"回归"，但关键在于什么时候回归。

到目前为止，均值回归原理仍不能预测的是回归的时间间隔，即回归的周期呈"随机漫步"。

不同的股票市场，回归的周期不一样，而且同一个股票市场，每次回归的周期也不相同。

有时，长期趋势来得太迟，即便均值回归原理发挥了作用，也无法拯救我们了，比如从长远来看，一间着了火的房子，总会归于寂灭。

一次，经济学家凯恩斯说道："先生们，从长远来看，我们都会死掉的。"如果在狂风暴雨的季节里，经济学家说，不久，风暴就会过去的，一切又会恢复平静，那么他们的工作就太简单、太无用了。

预测"均值"是场赌戏

还有个问题就是"均值"怎么确定。"均值"到底是多少，在经济生活中却是个很模糊的数字。昨天的正常值很可能被今天新的正常值所取代，而我们对这个正常值却一无所知。

巴菲特的价值投资理念，也是基于均值回归原理。但是，学巴菲特的人多如牛毛，能够成功的却鲜如麟角。巴菲特只能崇拜，不能复制。

巴菲特的长子曾说："我爸爸是我所知道的'第二个最聪明的人'，谁是第一呢？查理·芒格。"

查理·芒格是沃沦·巴菲特最亲密的战友，有"幕后智囊"和"最后的秘密武器"之称。

有人曾问：如何评估一只股票的"内在价值"？

芒格回答：搞清一只股票的"内在价值"远比你成为一个鸟类学家要难得多。

何必削足适履

高尔顿只是把均值回归应用到了遗传等自然科学领域，在这些领域，它在多数情况下是适用的、正确的。这也就是老子在几千年前观察到的——"天之道，损有余而补不足。"但老子的下半句却非常明确地指出，"人之道则不然，损不足以奉有余"。

回归平均原理为许多决策制定提供了哲学方法。在自然界，常会出现几乎不可能变大的事物却变得无限大，而小的事物变得无限小的现象，比如树会长得穿越云霄。

社会领域运行的是"幂率"，是不平均的。一个普通的华尔街交易员的年收入，可能比中国西北一个县全年的GDP还高。一个国王可以娶4万个嫔妃，而一个农奴娶一个老婆都很吃力。

真实的社会，运行的是"二八法则"——20%的人，掌握着80%的社会财富。而且，在这20%的富人中，二八法则还可以进一步发挥作用——4%的人，掌握着全社会64%的财富。

在真实的社会，运行的是"马太效应"——凡有的，还要加给他，叫他有余；凡没有的，连他所有的，也要夺去。

曾在某本书中读到过这样一个案例：某老板每年都会给公司的业务员按业绩进行排名，对业绩靠前的进行奖励，对业绩靠后的进行惩罚，几年下来，老板发现一个规律，头一年受罚的业务员，次年业绩转好，头一年受奖的业务员，次年业务下滑。

这其实是中值回归的自然现象。

对于这个案例的代表性，笔者持保留态度。也许，把手扶电梯当作跑步机来锻炼也没有什么害处，但用于决策，就可能是个陷阱。

经营过企业的人都深知，公司的业务通常符合"二八法则"——大约80%的业务是靠20%的业务尖子完成的。在很多行业，如外贸、广告，80%

以上的业绩是由不到20%的业务员签下的。笔者也曾对这些业务尖子进行奖励，对业务不佳者进行惩罚，结果并没有出现上面案例中的奇怪现象。

如果上面这个案例，改成计件生产的工人，则会让人信服，因为工人的能效，基本上可以算出一个"均值"。

不要将均值回归巫术化

虽然弗朗西斯·高尔顿发现了均值回归，但他本人并不迷信它，他反而鼓励我们去"欣赏广泛的观点"而不仅仅是平均值的观点。

对未来做判断时，应该在多大程度上依靠均值回归原理呢？

我们必须清楚，在某些条件下，均值回归具有巨大的力量；而在另外一些条件下，则可能导致巨大的灾难。

经济体系具有复杂、动态和非线性的特点，我们可以大谈特谈其大趋势，却无法做具体预测。天气预报，也只能告诉你立春和夏至，却无法预测出那天的天气如何，甚至无法准确地预测出明天的天气。

天之道不同于人之道，自然界中的力量不会赞同于人类灵魂中的力量。急于将数学公式、统计学原理，生搬硬套到社会学领域，以示自己的科学性，与伪科学、巫术何异？

均值回归仅是一种工具，而不是教条，更不是宗教仪式。如果一定要削足适履地迎合均值回归理论，那么它就成了一种自欺欺人的工具。

| 第13章 |

"剪刀石头布"是公平游戏吗?

有位大艺术家，与 A、B 两家艺术品拍卖公司关系都不错。

某天，A、B 两家公司的经理同时登门拜访，说要代理这位艺术家新完成的一件作品。这位艺术家觉得，都是老朋友，都不能得罪。于是，提出一种解决方案，让两位经理用玩"剪刀石头布"的游戏，赢者可以代理其作品。

于是，两家公司的经理约定 3 天后，在公证人的公证下玩这个游戏。

A 公司经理认为，玩这个游戏纯粹靠运气，就没有做任何准备。

B 公司经理认为，这件事情应该请教"专家"。

所谓的"专家"，就是自己的小孙女。这个小女孩认为：出石头的动作太容易被看出来，所以，一般人都不会在第一次出石头；而剪刀可以赢布，因为是第一次出，所以，出剪刀胜算最大。

结果，B 公司经理在游戏中胜出。

其实，如果 A 公司经理能够采取随机出手势的策略，他的胜算至少有 50%，但他太相信这是个公平游戏了，却忽略了自己的习惯。

除了会受到习惯的影响，人们往往还会受到下意识的影响。

假如上次两人同时出了剪刀，双方打成平局，则需要再赛一局。人在下意识里会出石头，假如 B 公司经理还是出剪刀，则 A 公司经理会赢。

但这只是一种假设，我们不能假设其中某一方没有一点心机。

出"剪刀""布"还是"石头"的策略应当是随机的，不能让对方知道自己的策略，甚至是策略的倾向性。一旦对方知道自己出某个策略的可能性增大，那么自己在游戏中输的可能性也就增大了。

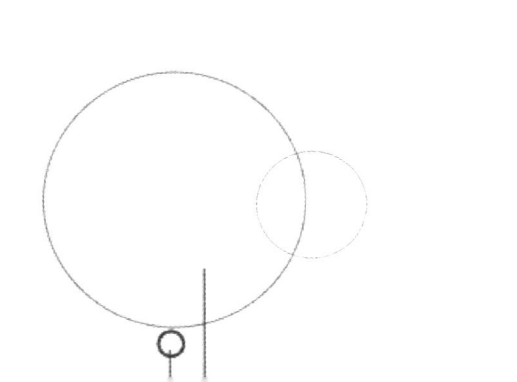

为什么一辆新车转售就会立即贬值？

一辆刚被开出销售大厅的崭新汽车，车主要想立刻在二手车交易市场转手卖掉，但它的价值会立即大打折扣。而新车，在卖场中停放很多天，价格也不会下降。

按道理，二手车市场上的新车和新车销售市场上的新车在性能等方面应该是完全一样的，可为什么会出现这种情况呢？

想弄清楚这个问题，就要从人们掌握和利用信息的方式上说起。可以参照诺贝尔经济学奖获得者乔治·阿克洛夫在1970年发表的论文《柠檬市场：质量的不确定性和市场机制》进行解释。

古典经济学暗含了两个前提条件，就是理性人和完美信息（Perfect information），而且这两者是相关联的，正因为信息是完美的，理性人的假设才能成立。

杰文斯等新古典经济学家假设了一个完美市场，在这个市场内，大量相互竞争的公司出售完全一样的产品，而且每个人都能得到全部信息。因此，他们不关注竞争过程——公司的规模或市场地位对竞争而言很重要——只关心数据和理想化的最终结果。

乔治·阿克洛夫研究的是：如果不是所有人都获得相同的信息，会发生什么情况。

传统经济学暗含了这样的假设：市场的参与者对所有商品信息了如指掌，价格传递着真实的信号并调整市场达到最优的供求平衡。"柠檬市场"打破了这种假设。

"柠檬"在美国俚语中表示"次品"或"不中用的东西"。柠檬市场也即次品市场，处于信息不对称的市场环境中，在这里，产品的卖方对产品的质量拥有比买方更多的信息。潜在买方肯定会认为，卖方肯定是掌握了一定的关于这辆车存在毛病的信息，但他们却不愿意向外透露。因此，卖方必须要为掌握的这些信息"埋单"。

因此，最后，那些高质量的二手产品不得不退出这个市场，剩下的"柠檬"越来越多，甚至最终连市场也不存在了。

真实世界里到处都是信息不对称的例子，价格并不能真正反映商品的差异，买方和卖方也不能做出最有效率的决策。

在二手车市场，显然卖家比买家掌握了更多的信息，两者之间的信息是非对称的。购买者缺乏对二手车质量真实水平的有效信息，他们只能不断地压低价格，即便是把一辆崭新的汽车开到二手车市场，也会大打折扣。一辆崭新完好的汽车，一旦它被开出销售大厅，即使车主立刻转手出售，它的价值通常也只剩下了原来的70%左右。

因为，第二次交易的买卖双方，他们分别掌握了关于这辆车不同的信息，他们会根据各自所掌握的信息对商品做出自认为有道理的评估。

以二手新车潜在的买方为例。按照常人的逻辑，只有车辆出现了问题，车主才会把刚买的新车转手。所以，即使这辆车的质量完全没有问题，但在人们的第一意识中，也会把这辆车定义为"不良商品"。

租过房子的人都有这样的体会，屋里的家具一般都不那么好。

对此，阿克洛夫也为我们做了解答。一方面，由于在租赁市场上，租金的高低取决于面积、位置、室内环境等因素，而家具的好坏往往排在最后。并且家具的质量问题，在短时间内很难察觉，就算房东提供了优质家具，也无助于租金的提高；另一方面，租客通常也不会真正爱惜家具，所以房东也就没有动力在家具上面多投资。最终，在我们租到的房屋里面，装配的通常都是劣质家具。

我们身边从不缺乏"柠檬市场"，某些电商平台假冒伪劣商品横行，伤害的不仅仅是消费者，同样会伤害诚信经营者。终局判断是，这种平台最终只会剩下一些"柠檬"在上面玩。所以，纵容出售假冒伪劣，并不会增加低收入者的福祉，而是商业伦理的一种倒退。

信息经济学就是研究在信息不对称条件下，如何来设计一种制度，来规范交易者的行为，从而促成交易的发生。

为什么学术论著越来越难懂？

在学科的分类中，经济学其实是偏向于文科的。但是现在，越来越多的数学公式被应用到经济学中，仿佛经济学家们一下子爱上了这些能够把经济分析量化的公式。

为什么会出现这种现象呢？

要想解释这种现象，我们还得从经济学中的一个基本原则"难于造假原则"说起。

各类学科内部都有竞争，经济学也不例外。而经济学又是个十分重视精确度的学科，自然，构建精确的经济学理论的能力就成了衡量一个经济学家学术水平的重要指标。要想分析得精确，数学公式便是首选。

发展到一定阶段，能够掌握并运用大量的数学公式或模型便成了一个好的经济学家的直观信号。换句话说，公式就成了经济学家的难以造假的指标。

至此，便形成了一种恶性循环。既然运用更多的数学公式便有可能被认为是优秀的经济学家，那么，要想成为好的经济学家，就有必要在自己的论著中运用更多的公式。长此以往，出现数学公式在经济学中泛滥成灾的现象也就不足为奇了。

没错，数学公式确实能够帮助人们进行经济分析，从而使一些潜藏在经济现象背后的市场信息凸显出来。但是，过犹不及。数学公式的使用似乎已经泛滥成灾了。在经济学研究过程中，出现了过度数学化、夸大数理模型，甚至玩弄数学技巧的"滥用"现象，这是值得警惕的。

经济学是研究社会生活中的经济现象和经济行为的，而社会生活并不同于自然界——可以简单量化，它要受各种人文现象的制约。所以，在经济学研究中，数学公式只能适度运用。否则，会使得经济学这个社会类学科的研究方向变得单一化、僵硬化，逐渐脱离现实生活。

诸如此类的问题，在其他学科也存在，如文科学者写出来的东西，有时反而让人不知所云。

他们应该对写作更擅长才是，但事实并不像我们所认为的那样。

恰恰是在文科学者的专业著作中，人们经常会看到一些不知所云的东西。

是因为教授们的思路不清晰？是因为他们没有找到更明确的表达方式？抑或是他们的专业水平较低？

答案：都不是。

出现这一反常现象的真正原因，其实和教授们的动机是分不开的。

在经济学论文中，经济学家为了显示自己的专业水平比别人高，他们会用更加高深的数学工具来探讨问题。同样，文科学者也一样，他们只是想让别人认为他更加博学罢了。

最初，写作这件事只要使用一些明白晓畅的语言就够了，比如孔子"作春秋"，文章内容多是对某一历史事件的简要概括。这种"微言大义"的表达方式既简单又清晰，对于当时的人们来说，要理解文章所表达的意思是轻而易举的。

后来，更多的文学大师次第出现，于是便形成了学术上的竞争局面。

《战国策》是西汉刘向编订的国别体史书，原作者不详，这些作者为了让自己显得比别人博学，就在表达技术上故作高深。于是，晦涩难懂的《战国策》便应运而生了。

文科学者们开始也许不会想到让文章变得晦涩难懂。但是，某一天，有一名大胆的学者在他的作品中加入了一些特殊的词汇。结果，他比别人赢得了更多的掌声。因为人们认为他能知道一些读者们不知道的事情，所以就认定他是个博学的人。

所以，为了表现自己博学，越来越多的神秘、难理解的词在作品中出现了。久而久之，读者们的理解力是提升了，但是，对于一般的读者来说，这些大作却是越来越难以理解。最终，这种应对市场变化的动机，使得本该擅长表达的学者写出的东西反而让人们觉得不知所云。

"超额售票术"与帕累托改良

拍卖和招标是一种常见的经济行为。这是一种很古老的交易机制，它的历史可以追溯到古罗马时代甚至更早。在公元前500年的古罗马时代，那时的人们最早拍卖的商品是奴隶。

拍卖理论在当下经济生活中仍被广泛应用，包括土地拍卖、搜索排名和在线广告竞价等。经济学家向来就对拍卖和招标很感兴趣。

航空公司总是希望满员飞行。为此，他们开始尝试超额售票术。也就是在一个合理范围内，让售票数量稍大于航班的实际座位数。

1968年，美国经济学家尤利安·西蒙提出了一种"超额售票术"方案：在售票的同时交给顾客一个信封和一份投标书，让顾客填写他们能够接受的最低赔款金额。

这样一旦出现乘客超员，航空公司就可以选择其中报价最低的旅客给予现金补偿，并优先给予其下一班飞机的机票。如此一来，各方均满意，没有任何人的利益受到损害。

在实际执行中，航空公司采取的超额售票术又将西蒙的方案进一步加以改良：通常以免费机票代替现金补偿（或者极低折扣的机票），乘客也往往表示乐意接受这种安排，航空公司也能从中受益，因为他们可以继续超额售票，实现航班满员飞行。这其实就是一种帕累托改良。

维尔弗雷多·帕累托是意大利伟大的经济学家、社会学家。他在21岁就获得了工程学博士学位，担任过意大利铁路和重型工业公司的总裁。直到40岁，帕累托才在洛桑大学开始自己的经济学之旅，专职从事经济研究工作。人们称他为"塞利尼的孤独思想家"。

因为他的一生都在捍卫自己的福利经济学思想。

能否实现全体社会成员福利的最优呢？帕累托用数学方法对此做了逻辑严密的论述：如果可以找到一种资源配置方法，在其他人的境况没有变坏的情况下使一些人的境况变得好一些，那么这就是帕累托改进；如果不存在任何改进空间了，那就是帕累托最优，亦称帕累托效率。这其实是资源分配的一种理想状态，即假定固有的一群人和可分配的资源，在从一种分配状态到另一种状态的变化中，在没有使任何人境况变坏的前提下，也不可能再使某些人的处境变好。也就是说，不可能再改善某些人的境况，而不使其他人受损。

为什么招标不能一味强调"价低者得"？

"拍卖"和"招标"在英语中用的是同一个词"auction"。汉语里习惯把销售商品的"auction"叫作"拍卖"，把为了发包完成一项工程或提供一项服务的"auction"叫作"招标"。

生活中，拍卖常用于销售诸如古董、艺术品、二手家具、土地、政府公债、破产的资产等。当为了修筑一条公路、修建一个码头，要求提供一项服务等时，则经常采用招标的做法。

拍卖和招标不仅在形式和操作上有许多共同的地方，在经济学意义上也有许多共同的规律。

设想，若干人参与一宗商品的拍卖或者一项工程的招标。

赢得商品拍卖的参与人的收益，应该是他对商品的私人评价减去他付出的成交价。但是因为商品评价是私人信息，所以即使成交价是公开的，别人也不清楚一个参与人赢得这场拍卖，他的真实得益是多少。

同样，赢得工程招标的投标者的实际得益，应该是工程的价款减去他为完成工程的支出，后者属于私有信息，所以就算中标价是公开的，别人也猜不透中标者的实际收益是多少。可见，在经济行为中，无论是拍卖还是招标，其本质都属于不完全信息博弈。

在商品拍卖中，人们对"已经存在的"拍卖品的信息了解得是比较完全的，而在工程或服务招标中，人们对"未来完成的"工程或服务的信息，了解得就不那么完全，这是因为后者牵涉"未来"，具有不确定性。拍卖和招标的最大区别就在这里。

因此，商品拍卖总是"价高者得"，但是工程和服务招标，除了要考虑价格因素外，还要考虑企业的资质、信誉等因素，不能一味强调"价低者得"。这样才能避免"钓鱼工程"、层层转包等现象。

苏富比与英国式拍卖

近代真正的拍卖是从一位年轻的英国书商开始的。

1744年，书商塞缪尔·贝克有一个简单的想法：只要遇到想要书的人，书就会卖个好价钱。于是，他决定在这座名叫"科芬园"的村子里搞一场拍卖会，希望能够把书卖给出价最高的人。这个在今天看来再普通不过的想法，当时却是一项创举。

贝克在村子里逐门逐户地告知大家拍卖会的消息，最终有50余人参加了拍卖会，并完成了200英镑的成交额。这被看作是现代意义上的第一场拍卖会。

而贝克的努力最终获得了成功，200英镑也成为这家拍卖行的第一桶金。这家拍卖行以贝克的合伙人苏富比的名字命名。

苏富比拍卖行是靠拍卖书籍、印刷品和手稿起家的。在第二次世界大战后，国际艺术品市场逐渐形成，苏富比也逐渐垄断了重要艺术品的国际市场。如今，苏富比拍卖行已经成为全球规模最大的拍卖行之一。

苏富比所采用的拍卖方式，是目前世界上最流行的拍卖方式，也就是叫价不断上升的增价拍卖。世界上最古老的两家英国专业拍卖行苏富比和佳士得均采用此法，所以，它也叫"英国式拍卖"。

英国式拍卖，是指把所有拍卖参与人集中在一起，拍卖师从低到高逐渐喊出更高的价钱，不断把出价低的潜在买主淘汰出局，直到最后只有一个买主留下来，这个买主获得这件拍卖品，付出他自己最后应价即出价的价钱。

这是一种"抬价拍卖"，因为在这种制度下，竞争的买主不断地抬高价格，直到没有人愿意出更高的价钱为止。

处于英国式拍卖制度下的买主，当出价不断地被抬高时，他必须做出决定，是出比他的竞争对手更高的价，还是退出这场竞争。

如果对手的出价仍然低于这个买主自己评估的价值，那么对这个买主而言，继续提出比对手更高的价格将是有利可图的；如果对手的出价已经等于或者高于买主评估的价值，对于这个买主来说最好的做法就是退出竞争。

我们可以想象这样的买主，在他的头脑中有一个最高限度的出价（实际上是应价），这个价格水平等于他对拍卖物品的估价。无论他的竞争对手怎么做，他的优势策略都将是：必要时一直出价（应价），直到等于他对拍卖品的估价为止。

如果他在喊价达到他的私人估价之前退出拍卖，他就会输掉这场可能会给他带来利益的拍卖；但如果他在喊价高于自己的私人估价时还应价，就不得不以一个高于他保留价格的价格购买拍卖品了。

谷歌IPO[1]与荷兰式拍卖

当当网CEO俞渝女士认为,在当当网上市过程中,由于没有参照系,也不知道定价高或低,"轻信了投行",最后导致当当网IPO时被低估。俞渝女士称,如果时光倒回,当当网会借鉴谷歌当年采用的"荷兰式拍卖"这样的股票发行方式,因为这是一种诚实的方法。

荷兰式拍卖又叫作"减价拍卖"。它是诞生于荷兰鲜花市场的一种拍卖方式。拍卖标的的竞价由高到低依次递减,直到第一个竞买人应价达到(或超过)底价时落锤成交。

举例来说,如果有10家公司竞标4个集装箱的蘑菇,10家公司的出价分别是20万元、19万元、18万元、17万元、16万元、15万元、14万元、13万元、10万元、9万元,那么,出价最高的4家公司获得购买蘑菇的机会,而它们的买入价都是4家公司当中出价最低的17万元。

2004年,谷歌在纳斯达克IPO时,用的就是这种定价方法。

当时,这一举措令华尔街一片哗然。传统的IPO模式,IPO价格是由投行根据用户需求自行确定的,但是谷歌试图改变这一做法。

谷歌让投资者在IPO指定的银行开设账户,提交购买订单,标明以何种价格购买多少股股票,随后谷歌根据拍卖情况确定一个"清算价格",出价等于或高于这一价格的投资者都有机会购买该公司的股票。

2004年8月19日,最终,成功竞标者以每股85美元的价格获得谷歌股票。

一开始,舆论担心谷歌股票上市价格过高。然而,上市交易的当

---

[1] IPO,首次公开募股(initial public offering),是指一家企业第一次将它的股份向公众出售。

天，谷歌股价就上涨了18%。在接下来的一个季度中，股票价格持续上涨，甚至超过了每股200美元。最初买下谷歌股票的投资者都赚了。

荷兰式拍卖通常从非常高的价格开始，这种拍卖方式价格有时高得离谱，以致没有人竞价。这时，价格就以事先确定的数量下降，直到有竞买人愿意接受为止。

在荷兰式拍卖中，第一个实际的竞价常常也是最后的竞价。那么，竞买人之间还有没有激烈的竞争呢？这种拍卖形式确实存在竞争，哪怕只有一种竞价，这个仅有的竞价是对预期中的价格博弈的结果，如果自己不出价，那么别人就会出价，自己就会直接出局。

荷兰式拍卖方式中，实际上有许多竞价形式。因为荷兰式拍卖经常用于拍卖品具有多样品质的情形。一堆商品质量有好有坏，第一个出价最高的竞买人可以买走全部物品，也可以以最高价先挑这些物品中最好的，然后拍卖继续。

当另有竞买人愿意接受竞价，他也有同样的选择，也是先挑走其中最好的，然后继续拍卖。

在这种情况下，虽然竞买人大部分时间都不出声，但是在竞买者之间却存在一种心理"暗战"。

第一价位拍卖

先来介绍一个概念，什么是密封拍卖。

这是一种用在建筑工程中的拍卖形式，每一个投标人都将出价记录在一张纸上，并密封在一个信封中，将所有的信封集中在一起，出价最高的人将获得商品。如果存在保留价格（即出卖者的底价），并且所有出价都低于这个保留价格，则商品不出售给任何人，一般用于建筑工程招标。

而第一价位密封投标拍卖，简称为第一价位拍卖。在这种拍卖模式下，买方要同时对所卖的东西投标。出价最高的竞买者赢得交易，便可以用自己投标的金额把东西买走。所有的人都要同时投标，并且以秘密的方式进行。

现在我们把荷兰式拍卖的情况和第一价位拍卖做一个比较。在第一价位拍卖中，参与人必须做出一个和在荷兰式拍卖方式中的参与人一样的决策，即选择一个出价，并把它写在密封的信封里，交给拍卖主持人。

有关选择合适的出价的策略问题也是相同的，他给出的价格越低，赢得交易的可能性就越低，但一旦赢得交易，可以获得的交易利益或剩余就越多；如果他给出的价格越高，赢得交易的可能性就越大，但一旦赢得交易，可以获得的交易利益或剩余却很少，甚至可能亏损。

从理论上讲，荷兰式拍卖和第一价位拍卖在策略处境上是类似的，都有出价高一些好还是低一些好的两难抉择。这两种拍卖方式虽然在形式上差别很大，但它们的本质却是一样的。

eBay与第二价位拍卖

2020年诺贝尔经济学奖被授予美国斯坦福大学的两位教授，保罗·米尔格罗姆和罗伯特·威尔逊。诺奖委员会在陈述颁奖理由时指出，两位学者完善了拍卖理论，并发明了一种拍卖的"新形式"。

这并不是诺奖第一次奖励拍卖理论研究者。1996年度诺贝尔经济学奖得主是维克瑞教授，他把拍卖理论进一步推广到多人的差别拍卖中，并首次证明了荷兰式拍卖与第一价位拍卖是同构的。维克瑞还曾提出过一个"第二价位密封投标拍卖"，又叫"第二价位拍卖"或"维克瑞拍卖"。

这种拍卖形式技术性稍高，在这种拍卖中，买主递交密封出价，出价最高的买主赢得交易，但他只需要付出等于第二高的出价的价格。第二价位密封投标拍卖简称为第二价位拍卖。同第一价位拍卖唯一的不同在于，竞拍人只要支付第二高的价格即可。

在这种拍卖中，每个人都是秘密投标，并由出价最高的人得标，但得标者所支付的价格则是次高的投标金额。

比如拍卖一幅名画，让每个竞买者把愿意出的最高价格写在纸上，然后装入信封密封。当公布各位竞买者的报价时，出价最高的人得到这幅名画，但只需支付次高价格。

看起来这只是一个微小的改变，但它却被证明是一种非常精妙的拍卖机制。它会鼓励每个竞买者报出自己的真实出价。

第二价位拍卖中的买主，必须把他的出价写下来，密封在信封里交给拍卖人。因为赢得交易的人只需付出拍卖的所有参与人的第二高的出价，所以在信封里写下他愿意付出的最高价格，将是符合买主利益的行为。

如果他赢得了拍卖，因为第二高的出价比他对拍卖品的评价低，买主就这样获得等于这个差额的交易利益或者说剩余。

如果他写下的出价低于他的私人评价，他就面临着出局的风险，但如果出价高于他的评价，他就面临高于心理价位购买拍卖品的风险。因此，在这种拍卖机制下，按自己的真实评价诚实出价，是一个优势策略。这应了那句老话：该是你的就是你的。该你获得多少交易利益就是多少交易利益。你并不是因为出价高而占便宜。可见，你的优势策略是按照你的评价密封出价。

尽管英国式拍卖和第二价位拍卖在规则和实施形式上都不相同，但从它们如何引导拍卖参与人的理性决策来说，效果是一样的。

这两种拍卖在策略上是等价的，借用数学语言来表述，它们是"同构"的。在这两个例子中，参与人受到要"显示私人真实评价"的激励。

这在第二价位拍卖中是最明显的，因为每个买主直接把他们对拍卖品的私人评价写在密封的信封里。在英国式拍卖中，买主通过逐渐抬高出价慢慢接近自己的保留价格，买主通过这种形式来显示私人真实评价。

用博弈论术语来讲，在这两种拍卖中，"讲真话"是每个参与人的优势策略。在这里要注意，为了表述方便，我们已经约定把拍卖品的主人和拍卖代理人排除在拍卖"参与人"以外。之所以可以这样约定，是因为我们已经给了拍卖方"拍卖人"的专用名称。

维克瑞去世后，他的一位学生将"维克瑞拍卖"发扬光大。他就是eBay（易贝网）的创始人皮埃尔·奥米迪亚。eBay采用的拍卖机制，就衍生自"维克瑞拍卖"的竞价代理（proxy bidding）拍卖，今天世界各地的人们都在体验着"维克瑞拍卖"。

所以，主要的拍卖机制可以合并成两类：一类是英国式的拍卖和第二价位拍卖，另一类是荷兰式拍卖和第一价位拍卖。

| 第14章 |

幸福微积分

萧伯纳说，经济学是一门使人生幸福的艺术。行为经济学逐渐形成一个流派：幸福经济学。

但是，经济学家汪丁丁教授认为，幸福这个概念，其实未必准确，改为满意或许更为恰当。

大量的一般的好消息比一个非常好的消息更令人感到满意；经常崭露头角比一鸣惊人会更让人感到满意；每天逛街一次比每周逛街一次会更让人感到满意。

人类最原始的情绪几乎全是负面的，如恐惧、愤怒、悲伤。幸福感、信任感、目标感，都是人类大脑后来进化出来的东西。

从理性的角度讲，除了我们自己，谁都不应该信任。幸福，和吃一堆巧克力达到的效果是一样的；而希望，却是一种"无所谓有，无所谓无"的东西。

信任、幸福、目标，都是非理性的。但这是一种"高级的非理性"，是非理性的积极力量。忧愁是可微的，快乐是可积的，我们运用行为经济学的原理，让满意最大化，痛苦最小化。

正如凯恩斯所言，经济学不是一种教条，只是一种方法、一种心灵的器官、一种思维的技巧，帮助拥有它的人得出正确结论。

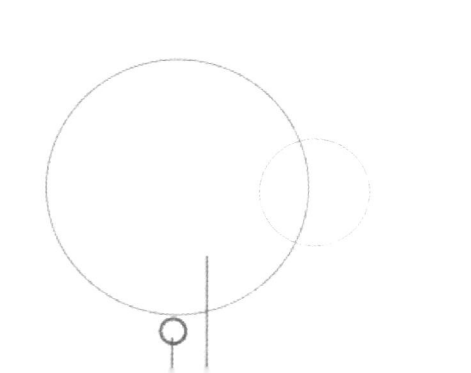

钱少也要开心

10多年前,科学家们遇到一个问题:如何能改善伦敦至巴黎之旅?

他们想出了一个绝佳的工程解决方案,即花费60亿英镑,在伦敦和巴黎的蔚蓝海岸之间建造全新的轨道,使三个半小时的旅程减少40分钟。

但是,行为经济学家并不认为这是什么好主意,在他们看来,这种改善火车之旅的方法,是出于"钱能摆平一切"的思维惯性,缺乏想象力。

行为经济学家给出的一项建议是:花钱长期雇用一些漂亮的男模、女模,在旅途走秀,免费提供法国干红葡萄酒等饮料,供旅客享用。这样的话,还能省下30亿英镑,而且人们反而会要求火车开慢点。

以更小的代价,将全民的满意度、幸福度大幅提升,花小钱、办大事,提升幸福的总额度,是经济学的终极任务。

甲说:有钱买不到幸福。乙抬杠:那是你不会买。

趋乐避苦是人类行为的终极原则,追求快乐是人类行为的终极目的。快乐,也是行为经济学研究的一个对象。

幸福经济学,是近年来兴起的一个热门话题。

但是,"幸福"一词其实是有争议的,未必准确,用满足、满意,或许更确切些。

回到边沁时代

杰瑞米·边沁是英国的法理学家、哲学家、经济学家和社会改革者。边沁认为，最好的社会，就是其中的公民最幸福的社会。因此，最好的政策就是能产生最大幸福的政策。

边沁认为，快乐应该是可以量化的。卡尼曼在《回到边沁》一文中，主张让经济学的基础，从马歇尔的效用，回到边沁的价值（快乐）。价值，是感性的，又大致可以量化的概念。

边沁的功利主义（utilitarianism）认为，人应该做出能"达到最大善"的行为，所谓最大善的计算则必须依靠此行为所涉及的每个个体之苦乐感觉的总和，其中每个个体都被视为具有相同分量，且快乐与痛苦可以换算，痛苦仅是"负的快乐"。

不同于一般的伦理学说，功利主义不考虑一个人行为的动机与手段，仅考虑一个行为的结果对最大快乐值的影响。

能增加最大快乐值的即是善；反之即为恶。

幸福的"平行世界理论"

经济学家罗伯特·弗兰克设计了一个实验，假设有A、B两个社会，并且A、B之间没有交叉，让人们在以下两种情况下做出选择：

A. 居住200平方米的豪宅，但上下班要在拥挤的车流中花费1小时。
B. 居住100平方米的房子，但上下班只要15分钟。

弗兰克发现，大多数人认为A更加不幸，因为即便经过长期适应，人们还是会觉得交通压力难以忍受。并且有研究数据显示，长期的交通压力会抑制免疫功能，从而缩减寿命。弗兰克在另一个实验中得到了类似的结果，他让人们在以下两种情况下做出选择：

A. 居住200平方米的豪宅，但每天忙碌，没有时间锻炼身体。
B. 居住100平方米的房子，但每天有45分钟锻炼时间。

多数参加实验的人起初选择了A，但后来则倾向于认为B更加幸福，锻炼会使人的身体处于比较健康的状态，会增加幸福感。

由此，罗伯特·弗兰克提出了"平行世界理论"：一开始，随着收入的增加，人的幸福感会迅速增加，越有钱越幸福；然而，当收入达到了某一个值后，幸福感就不再随着收入的增加而增加了，反而有可能出现下降的情况。

平行世界理论还提供了其他几种选择，如：

A. 人均200平方米但每月只有一天和朋友聚会。
B. 人均100平方米但每周有一天和朋友聚会。

又或者：

A. 人均200平方米但每年只有1周假期。
B. 人均100平方米但每年有一个月假期。

其他还有：

    A. 人均200平方米但工作中自主性很低。
    B. 人均100平方米但工作中自主性较高。

罗伯特·弗兰克的这些实验，让人们明白，B社会是更可取的，更有利于人们幸福感的提升。

伊斯特林悖论

传统经济学认为金钱的效用是绝对的，行为经济学则告诉我们，金钱的效用是相对的。这就是财富与幸福之间的悖论。

美国南加州大学经济学教授理查德·伊斯特林在其1974年著的《经济增长可以在多大程度上提高人们的快乐》一书中提出，在一个国家，富人报告的平均幸福和快乐指数高于穷人，但如果进行跨国比较，穷国的幸福指数与富国几乎一样高。

比如日本人的平均国民收入是波兰人的10倍，但两国国民的幸福指数却不相上下。

波兰人和匈牙利人的经济收入相当，但波兰人明显比匈牙利人更自在。

此外，伊斯特林通过调查还发现，40岁左右是人一生中幸福感最强的时期。这可能与很多中国人的感受有点出入，因为很多人40岁的时候正是"上有老下有小"，如果事业不成功，就会压力很大。当然，人具有适应性。所谓"四十不惑"，就算收入不高，已然学会自我调节。

学者黄有光先生提出了"幸福鸿沟"的概念："总体而言，在收入水平非常低的时候，收入与快乐之间的关联更为紧密，尽管如此，在影响个人快乐的所有变数当中，收入决定快乐的比重仍不超过2%。"

"幸福学"的创立者，旅美华裔经济学家奚恺元先生进一步指出，财富仅仅是能够带来幸福的因素之一，人们是否幸福，很大程度上取决于很多和绝对财富无关的因素。人类最终追求的是生活幸福的最大化，而不是拥有更多的金钱。因为，从"效用最大化"的观点来看，能够使我们在生活中产生最大愉悦感、满足感的并不是财富，而是幸福本身。

幸福、快乐应该是整个社会追求的福利目标，它并不取决于这个国家物质财富的多少，而应当是物质富裕、政治民主、文化先进、社会和谐、生态文明的统一体。一个国家只有在这些方面协调发展了，国民的满意度、幸福感才能增强。

当然，幸福不仅取决于外物，也与我们的态度有关。所谓山不转水转，水不转路转，路不转心转。

弗兰克从他在奥斯维辛集中营的经历得到一个结论：在最后关头，你可以拿走一个人所有的一切，除了一样，那就是人最终的一种自由——选择自己在面对任何处境的态度的自由。

国民幸福总值

国民幸福总值（Gross National Happiness，GNH），又称"国民幸福指数"，是一个新兴概念，由不丹国王日热米·旺楚克提出。

日热米·旺楚克认为"政策应该关注幸福，并应以实现幸福为目标"，人生"基本的问题是如何在物质生活（包括科学技术的种种好处）和精神生活之间保持平衡"。

在这种执政理念的指导下，不丹创造性地提出了由政府善治、经济增长、文化发展和环境保护四级组成的"国民幸福总值"指标。

如果说国内生产总值（GDP）和国民生产总值（GNP）是衡量国富、民富的标准，那么国民幸福指数就是衡量人们对自身生存和发展状况的感受和体验的指标，即人们常说的幸福感。

与过去推崇"生产总值"时的"物质为本、生产为本"的经济模式相比，"幸福总值"更多的是对"以人为本"理念的体现。

所以，不丹国王制定政策的原则是：在实现现代化的同时，不能失去精神生活、平和的心态和国民的幸福。在不丹，幸福并不是由拥有或占有的财富所决定的，而是由人们拥有的知识、生活技能、理想、同情心、互相合作等因素组成。

峰终定律决定你的人生幸福感

一天，你在街上走着。

迎面走来一个人，拿着摄像机问你："你幸福吗？"

你会怎样回答？

事实上，当你回忆自己的人生是否幸福时，主要取决于两个体验。

第一，在过去的生活中，你是否有过非常快乐（或悲惨）的一段经历。

比如一个人上学要读十几年书，平时的各种大考小考，成绩难免有起伏。

假如有人问你，你学生时代算差生还是优等生。很多人会将自己考得最好的那次，或者考得最差的那次作为判断的重要依据。

有位朋友曾经为了财富睡过马路、被人羞辱，甚至坐过牢，如今虽然富甲一方，仍难逃人生的阴影，回忆起来仍觉得悲凉。

第二，你最近一段时间是否有过非常快乐（或悲惨）的一段经历。

假如你昨天偶遇一位佳人，并与之确立了恋爱关系。你走在街头，觉得周围的一切都那么顺眼、那么有趣。这时，突然冒出个举摄像机的家伙采访你，问你幸福吗，你会不会觉得非常开心？

假如昨天晚上你和老婆大吵一架。刚才又被客户投诉，你正窝火呢，突然有个人问你幸福吗，你会怎么说？

卡尼曼和特韦斯基经过深入研究，发现人们对体验的记忆很不客观，通常由两个因素决定：高峰（无论是正向的还是负向的）时与结束时的感觉，这就是"峰终定律"（Peak-EndRule）。

卡尼曼做过一个有趣的实验，让一群学生比另一群学生多听8秒相对之前较弱的噪声，相比于仅仅听了较强噪声的学生，这些多听8秒的学生反而觉得更好。峰终定律，可以用来提升人的幸福感。

人生如戏，戏如人生。

人这一辈子，活得是否"值"，要在盖棺定论那天才算。

就算一辈子坎坎坷坷，但人争一口气，只要最后遂愿，人生也就圆满了。

就像一个故事，开头只是开胃菜，诱导读者读下去。高潮和结尾才能最终形成对这个故事的印象。

卡尼曼举过一个例子，在歌剧《茶花女》的最末部分，男主角终于赶到了奄奄一息的女主角身边，在分别多年后，有情人终于可以团聚了，但女主角在10分钟美妙的音乐过后便死去了。

试想如果不是这10分钟，是不是《茶花女》就会是一个完全不同的故事？

10分钟，对于人漫长的一生来说真的如此重要？

因为我们的记忆会不自觉地将过程都忽略掉了，一些关键的时刻，特别是开始、高潮和结尾就代表了整个阶段，所以对于一部经典歌剧的感受，很大程度上正是由这最后10分钟决定的。

人生如戏，取决于高峰体验，并且卒章显志。

如果花的是自己挣的钱，我一点都不反对"大办"婚礼和丧礼。

普通人的一生，并没有那么多的戏剧性与浪漫情节。对于大多的普通人，婚礼就是人生的一个高峰体验，丧礼就是最后的哀荣。

正如一个国家，在做好社会保障、食品安全工作的前提下，不妨大办奥运、大办世博，这样就能够起到国家营销的作用。

| 第15章 |

自由主义与重商主义的此消彼长

"economics"一词源于哲学家色诺芬（公元前431—约前360）的一本著作，他写的小册子《经济论》（*Oikonimios*）描绘了如何高效地规划和经营农业。

他主张，劳动力分工是完成复杂任务的最好方法。诸如雅典这类城市，由于面积和人口组成都在快速发展之中，所以有一种优势：拥有多方面的专家。而在较小的城镇，人们不得不亲自完成更多的工作，因而导致效率低下。

这个结论比亚当·斯密的同类观点早了2 000多年。但是，在奴隶制社会中，让专家协作是产业管理者的任务，而不是市场的任务。

经济学通常是制定政策的依据。今日世界各种离奇的国际贸易政策，并非某人突发奇想。正如约翰·梅纳德·凯恩斯曾在《就业、利息与货币通论》中所言："经济学家与政治哲学家的思想观念，无论对错，其影响力之强往往要超出常人所想。这个世界为少数精英所支配。实干家自认为不受任何知识分子的影响，却往往成为某个已故经济学家的奴隶。执牛耳之狂人则总是人云亦云，从早年某些文人骚客那里提炼狂思臆想。……因此，或早或晚会影响善恶的正是思想观念，而非既定利益（vested interests）。"

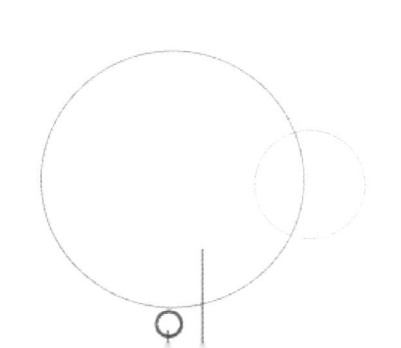

Siri背后的"都市传说"

在美国,有很多关于印度人的"都市传说"。

其中一则说,iPhone手机上的Siri人工智能助手,其实并不智能。之所以Siri能够回答千奇百怪的问题,是因为它背后有一帮印度的客服人员在假装人工智能应答。

还有一则都市传说,说是有一个美国人,号称发明了更简单的分析磁共振(MRI)数据的新方法,它使得医疗成本大大降低。很快,他就凭借价格优势承揽了美国各地大量的磁共振数据分析业务。

人们也将这位发明家视为了不起的技术奇才。有一天,一位记者跟踪调查了这位发明家,发现了其中的玄机。这位发明家其实什么都没有做,他只是通过互联网,把这些磁共振数据转包给了印度人,让那里收费更低的放射科专家进行分析。所谓的发明家,不过是个掮客而已。

这些都市传说背后,是一个非常硬核的经济学原理:比较优势。

亚当·斯密是最早笼统地表达这个概念的人。

假设,史前时代,有一个以狩猎为主的人类社会。恰巧,某位猎人比他邻居更擅长制作弓箭。某天,这位猎人出于善意,也出于信任,把自己制作的弓箭作为礼物送给了他的邻居。他的邻居善于驯马,出于互惠,他把自己的马回赠给了这位猎人。继续类似的交往,他们的生活大大改善,他们再也不用事事都自己操心准备,因为他自己的劳动剩余已能更有效率地做好这些事情。

这是亚当·斯密在《道德情操论》中,关于市场的起源的描述。亚当·斯密认为,正是信任、利他主义、互惠,使得人类的交换行为成为可能。

后来这一思想被大卫·李嘉图发展成为著名的比较优势学说，并成为今天国际贸易理论的基石。

李嘉图是一位犹太人，从小没受过正规教育，14岁的时候就已经出道，跟着父亲从事证券投机工作。3年后，17岁的李嘉图自立门户，以800英镑独立操作，从此踏上致富之路。大卫·李嘉图因为在拿破仑滑铁卢战役中押宝成功（他买了英国的证券），所以在41岁退休时非常富有，拥有200万英镑的财富。

在今天看来，李嘉图是一位年轻的商业奇才。李嘉图在一次疗养中，无意中看到了亚当·斯密的《国富论》，从此开始走上经济学之路。

李嘉图认为，在国际贸易中起决定性作用的并不是绝对优势，而是比较优势。每个国家都应根据"两利相权取其重，两弊相权取其轻"的原则，集中生产并出口其具有"比较优势"的产品或劳务，购买自己不具有比较优势的产品或劳务，这么做各方都可以获益，这就是贸易的"双赢"原则。

李嘉图的比较优势理论用了一个简单的例子——两个国家（葡萄牙和英格兰）买卖两种产品（红酒和布匹），从中可以看出自由贸易是如何促进经济增长的。他解释说，如果两个国家只生产各自擅长的，产品就会便宜一些，进口到另一个国家后就能盈利。所以自由贸易不仅仅是零和游戏（zero-sum game）。

李嘉图认为："在一个具有充分商业自由的体制下，每个国家把它的资本和劳动置于对自己最有利的用途。"只有在实行自由贸易的条件下，才能最有效地实现国际分工与国际交换的利益。

有一个段子，讲述了国际贸易的神奇之处。

在美国有两个汽车城：一个在底特律，另一个在艾奥瓦。

在底特律，汽车就如同玩具一样，在流水线上被装配、生产，这并不神奇。

在艾奥瓦，汽车就像是通过魔法变出来的。在这里，农民们将谷物运到货柜码头，一辆辆日本产的崭新轿车就会从巨大的箱子中变出来。

这个神奇魔法就是国际贸易。贸易就像亚当·斯密所举例子中的驯马人与造弓箭的人，能把东西从认为其价值较小的人那里，转移到认为其价值更大的人手里，从而优化资源配置。

李嘉图的比较优势理论，是今天自由贸易的理论基础，极大地推动了英国的资本积累和生产力发展。

重商主义

重商主义（Mercantilism）又被称作"工商业本位"，是西欧封建制度向资本主义制度过渡时期（资本原始积累时期），受到普遍推崇的一种经济哲学。

重商主义这个概念最初是由亚当·斯密在《国富论》一书中提出来的，但亚当·斯密提倡的是自由贸易。在《国富论》中，斯密猛烈抨击了重商主义，鼓吹自由放任。自由主义是反对国家干预经济生活，主张市场调节，实行自由放任的经济政策。

文艺复兴时期（14—17世纪），封建制度被君主统治下的集权军事单一民族强国所取代，重商主义兴起。政府官员、记者和诸如英国商人兼经济学家托马斯·孟（他是东印度公司的主管）这样的商人多才多艺，他们提出新的经济学观点，取代了修士学者和哲学家的观点。

由于海运技术的进步以及哥伦布和其他探险家的新发现，通往美洲和亚洲的珍贵的新贸易路线被开辟出来，全球贸易激增，对高利贷的限制也逐渐放宽。为扩张版图和维持国力服务，被称为重商主义的政治经济运动开始出现。

重商主义经济学家不在意如何描述某个重要的经济或道德行为理论，而是注重单纯的技术性问题，如贸易或货币。

他们认为，政府应该运用贸易关税、垄断和补贴的方法来鼓励出口，这样让钱流入国内，同时阻止进口。寻找和控制新资源必须由军队来完成。

重商主义的政策、理论在历史上曾促进了资本的原始积累，推动了资本主义生产方式的建立与发展。在重商主义发展过程中，第一个完全系统化的经济体系出现在伊丽莎白一世女王统治下的英格兰。她的海军舰队使不列颠帝国成为史上面积最大的帝国。其他西方强国，尤其是西班牙和法国，也不遑多让。

重商主义者认为，世界经济是由多个单一民族国家参与的游戏，游戏目标是尽可能多地得到黄金和白银等形式的"财宝"。像英格兰这种没有金矿和银矿的国家，只能通过贸易、政府和苦役（部分来自殖民地的奴隶）获取。

重商主义者假设全世界的财富总量是固定的，而经济活动就是一场零和游戏，这显然是错误的。

比较优势陷阱

1791年，美国政治家亚历山大·汉密尔顿最早提出了幼稚产业保护理论。这一思想引起人们的注意，是因为德国经济学家李斯特。

李斯特的学说和斯密、李嘉图相左。李斯特认为，国家为了民族的最高利益，不但有理由而且有责任对商业加以某种约束和限制。

当英国工业化程度已经遥遥领先时，德国还是个农业国家。当时李嘉图的比较优势理论和自由贸易学说正风行于世。英国人也据此要求德国开放市场。

然而，弗里德里希·李斯特却不以为然。李斯特指出，一个国家只有用工业品交换农产品，这样的贸易才能达到国家富强。按照自由贸易学说，哪里的货物最便宜，就应当到哪里去买。而实际上，出售本国的农产品向英国购买廉价的工业品，从表面看起来是合算一些，但是这么做的结果是：德国的工业无法获得发展，德国会长期处于落后地位。

李斯特认为，生产力是决定一国兴衰存亡的关键，而保护民族工业就是保护本国生产力的发展。当下的德国生产力远不及英国，轻率地对英国开放市场，将会导致德国更加落后。

李斯特主张，要大力保护和加速发展德国的生产力，而后对等开放。李斯特认为，比较优势理论对发达国家有利，对落后国家却是个陷阱。所谓自由贸易，反映的是英国作为先发国的利益。李嘉图的比较优势学说只适用于发达国家，相对落后的德国同发达的英国通过自由贸易进行竞争，无异于让一个小孩同一个成年人去角力。

李斯特尖锐地指出：表面上，英国人总是以世界主义者、博爱主义者自居，然而就其目的与企图来说，他们实际上始终是利益垄断者，这就好比当一个人登上了高峰以后，就会把他登高时所使用的那架梯子一脚踢开，免得别人跟着他爬上来。

1841年，李斯特出版了《政治经济学的国民体系》一书，他认为，德国要维护本国经济的发展，就必须实行贸易保护主义。该论著成了德国制定关税政策的理论依据。

历史证明，李斯特是正确的，并受到了拿破仑的推崇和赞许。虽然德国丧失了农产品出口业务，但是，德国的工业却获得了长足发展，让德国迈入了先进资本主义国家的行列。

美国重拾贸易保护主义

几乎所有国家都会鼓吹"自由贸易",可是,几乎所有国家的法规都是在实行贸易保护主义。用一句话形容"自由贸易"就是:实现自由贸易就像上天堂,每个人都想去,但又都不想去得太早。

贸易保护主义是指通过关税和各种非关税壁垒限制进口,以保护国内产业免受外国商品竞争的国际贸易理论或政策。

贸易保护主义只是一种权宜之计,它是落后国家迈向工业先进国家的一种手段。曾有人向林肯总统建议:可以从英国购买便宜的铁轨,修建一条纵贯全国的铁路。林肯却非常不以为然地回答:"如果我们从英国购买铁轨,我们得到铁轨,他们得到钱;如果我们自己制造铁轨,我们得到我们的铁轨,并且我们得到我们的钱。"

19世纪中期,美国还是一个工业不发达的国家,为了抵御英国工业的入侵,美国政府以李斯特的保护主义理论为依据,制定了严格而强有力的贸易保护主义政策,亚当·斯密的学说被打入了冷宫。

1930年,美国出台了《斯姆特—霍利关税法》,该法案规定,美国将2万多种进口产品的关税大幅提高,此举引发各国相继跟风。

然而,当美国经济在保护主义政策下实现工业化之后,李斯特的贸易保护主义又被雪藏了。亚当·斯密的自由主义,被美国人拿出来向全世界推销。

20世纪90年代以后,美国以WTO为主导,逐步开放本国市场,鼓吹贸易自由化。

2007年次贷危机的爆发加速了美国经济的衰退。每次经济萧条,总伴随着贸易保护主义的抬头。美国第45任总统特朗普提倡的贸易保护主义和美国第一的重商主义，其实也是美国国力衰退的一种折射。

贸易保护主义常见措施：

提高关税

就是国与国之间往来商品附加的税金。提高关税可以直接提高进口商品的成本，使国外商品在本国市场上处于不利的竞争地位。

出口补贴

一国政府为鼓励某种商品的出口，对该商品的出口所给予的直接补助或间接补助。

反补贴

反补贴是一成员方对另一成员方就某一出口产品给予财政或公共性的经济补贴而采取的限制进口的措施，包括临时措施、承诺征收反补贴税。

进口配额

为保护本国工业，在一定时期内对某种商品的进口数量，或对进口金额加以限制，它的功能与关税类似。

反倾销

倾销，是指在国外以低于成本和国内产品价格的价格出售商品。

反倾销，是指对外国商品在本国市场上的倾销所采取的抵制措施。一般手段是对倾销的外国商品增收附加税，使其不能廉价出售，比如欧盟对产自中国的光伏产品征收临时反倾销税。

绿色壁垒

工业发达国家以环保、生态等作为借口，制定了一系列苛刻的质量标准，为保护本国市场和工业，构筑了一道绿色屏障。

琼·罗宾逊夫人曾讽刺贸易保护主义说："不能因为其他国家往它的港口扔石头，我们也要往自己的港口扔石头。"

在国际贸易中，不少国家都在上演这种"在自家港口扔石头"，甚至"搬起石头砸自己脚"的事情。美国重拾贸易保护主义，是国力衰退的一种表现。

|第16章|

钱的本质

经济学家是在19世纪以后才出现的一种职业，但经济学这门科学的起源却比职业经济学家要早得多。至少从货币诞生之日就有了经济的概念。

什么是货币？货币的本质是什么？

这本是一个开放式的议题，因为从来就没有一个标准答案。

经济学家对货币的定义通常有3种：交易媒介、价值尺度以及价值储藏手段。

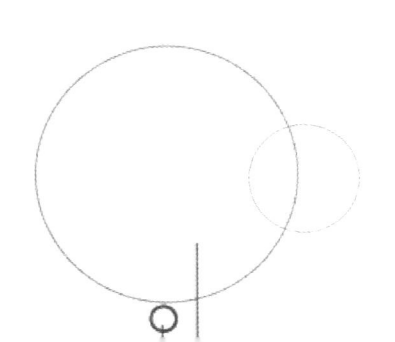

古老的货币

1776年,亚当·斯密的《国富论》出版,这标志着古典经济学的创立。

斯密在《国富论》的扉页上写着:"献给女王陛下的一本书。"

斯密认为,人天生具有交换的倾向。这是人与其他动物相互区分的一个重要标志。

斯密写道:"我从来没有见过两条狗会公平审慎地交换骨头,也从未见过一个动物以肢体或语言示意:'这是我的,那是你的,我想与你做个交易'。"

换句话说,斯密肯定,只有人类(准确地说是智人)才具有货币交易的本领。

斯密的判断是正确的。对于其他动物来说,交换尚且困难,更不消说什么拿劳动去换钱,或建立复杂的金融体系了。

事实上,地球上曾经存在过很多种人类。我们只是其中的一个亚种,学名叫智人(Homo sapiens)。货币交易,是智人独有的一门社会技术。

尤瓦尔·赫拉利在《人类简史》一书中指出,我们这个物种有几万年跨群体交易史,为其他人种所未有,人类很可能在3万年前就发明了货币。

最早的货币由贝壳、盐等物品制成。考古学家在欧洲中心地带挖掘有3万年历史的智人遗址时,偶尔会发现来自地中海和大西洋沿岸的贝壳。这些贝壳极有可能是通过不同智人群体之间的长距离交易,从而抵达大陆的内部。

尼安德特人遗址缺乏这种交易的证据。每个尼安德特人群体,都采用本地材料制造自己的工具。这也是尼安德特人与智人在长期竞争中消亡的一个重要原因。

互惠，是很多灵长目动物都具有的本能——你帮我挠挠背，我就帮你抓抓痒。尼安德特人之间也极有可能存在互惠的行为——今天你送我一把石斧，明天我送你一张鹿皮。这种礼物交换更接近于货币出现之前真实的交换场景。

使用语言、文字、工具都不是智人独有的能力，只有使用货币，才是智人独有的技能。所以，亚当·斯密的说法，可以进一步精确为：人之为人，在于货币。将智人和其他动物区分开来的，乃是货币。

货币是一种交换媒介

亚里士多德是最早描述货币起源的思想家之一。据他推测，人类最初是以物易物，为了应对越来越复杂的交易而发明了货币。

亚里士多德在《政治学》一书中写道："可想而知，从简单当中诞生了更加复杂的交换形式……由于各种生活必需品无法随身携带，所以人们约定在相互交易中使用某种具有内在用途并且容易满足生活需求的东西，比如铁、银等。最初仅仅以尺寸和重量衡量其价值，但是后来人们在上面盖上印记，以此标定价值，免得每次都要称重。"

亚里士多德的这个猜测，成为后世所有版本货币简史的标准开头。

新古典主义经济学家威廉·杰文斯在其著作《货币与交换机制》中写道："交换的最早形式是用不想要的东西直接换取想要的东西。我们称这种最简单的交换为物物交换或以物易物。"

杰文斯认为，物物交换是建立在需求的双重巧合（double-coincidence）基础之上的——你拥有的香蕉正是我想要的，我拥有的鱼恰好也是你想要的。

也就是说，"你必须找到这么一个人，既有你想要的东西，同时他也想要你有的东西"。没有双重巧合，交换就不会发生。建立这样的匹配，也就是觅客，要么靠碰运气，要么费时间苦苦寻找——也许找到时鱼已经腐败变质了。

仅仅是建立这种匹配，交易成本就已经非常高了。此外，就算实现了"双重巧合"，后面的复杂的换算技术，也会让人困惑不已。要知道，公元前500年左右的希腊，还认为10 000是一个超出人类理解范围，"大得无法计算"的数字。

诸如"3条鱼能换5根香蕉，20根香蕉能换一只山羊，7只山羊能换一头麋鹿，那么，多少条鱼能换一头麋鹿"之类的问题足以让算术并不高明的古人崩溃。

假设世上真的曾经存在过一个以物易物的经济体，不管你是打鱼的渔夫还是种水果的农民，每天都得搞清楚几十种商品的相对价格。假如市场上有100种不同的商品，把汇率列出来就足足有洋洋洒洒的4 950条。这种计算的难度对于古人来说，还不如发明一种交换工具——货币来得简单。

经济学家米塞斯认为：货币唯一的、基本的职能就是充当交换媒介。

偏爱捷径，是人类行为的一个基本特征。货币的发明，是为了简化物物交换的难题。也就是说，货币不仅是一种交易的媒介，也是一种记账的"方便法门"，一种快捷的记账技术。假如人类真的存在过以物易物的时代，那么以货币记账绝对堪称是"某个懒惰天才划时代的发明"。

货币通过降低巧合问题，大大降低了交易成本，比如搜索、觅客、价值换算等。通过增加交易机会，让涉及更多种类的商品和服务的交易成为可能。通过货币这一被广泛接受并可以重复使用的介质，让信任成本最小化，陌生族群之间也可以合作，促进了社会的可扩展性，大大拓展了人类合作的范围。

货币是一种古老的记账技术

货币其实是一种记账技术。最著名的案例，当数美国冒险家威廉·福内斯所记述的"石币之岛"的故事。

"石币之岛"的故事

福内斯1903年在太平洋上的雅浦岛上生活了两个月。他洞察到一种现象，即该岛只有5 000多居民，共有3种商品：鱼、椰子和海参。按说，在这样简单的经济体之内，物物交换就可以了，没有货币也过得去。然而，这个遗世独立的小岛上却有着非常先进的货币与清算体系。

雅浦岛上的居民会磨制一种大而厚的石头轮子，中间留个圆孔，方便插入木杠运输，岛上居民称之为"费"（Fei），作为货币使用。

这些石料出产于距离该岛400海里远的另一个岛上，开采磨制后用独木舟运回雅浦岛。

费币主要作为记账工具使用。如果交易涉及的金额太大，那就无须搬运这些费币，可采用单纯的所有权认可制度，即石币仍保留在原有的主人那里，但其所有权却转归货物的卖出人。

更夸张的是，有一次在搬运石币的过程中出了事故，导致石币沉入大海，但同去的人都能证明的确有这么回事，于是该石头就依旧发挥着货币的作用。这个家族的人因为有一块沉入海底的石币而变得富有。德国殖民者向当地居民征收罚金的方式是在"费"上画一个黑色"十"字，表明已被政府罚没。石币的所有人竟然尊重这种做法，并被迫履行义务，再请求政府把

"十"字擦去。

福内斯把《石币之岛》这个故事于1910年发表后，引起了许多经济学家的注意。凯恩斯、弗里德曼、曼昆等著名经济学家都引用过这则案例。

凯恩斯在1930年出版的《货币论》中，认为货币的根本职能就是记账，应该与这个案例所带来的启示不无关系。

源远流长的记账技术

记账问题，是人类社会的一个非常古老的问题。

人类历史上最初的记账技术，可以追溯到5 000年前两河流域的苏美尔文明，它是人类最古老的文明之一。根据严格的碳十四测定，苏美尔文明比古巴比伦文明还早约2 000年。

苏美尔人不仅有自己的楔形文字，还有先进的记账货币体系。其货币体系也是现存记录中最完善的古代账本体系。

1922年，英国考古学家伦纳德·伍利在波斯湾与巴格达之间，发掘出苏美尔人居住的一个城邦——乌尔，其中大量的出土文物包括刀剑、头盔、乐器等，此外还有大量的泥板。这些泥板以黏土为主要材料，大小不一，但都必须在泥板未干时，先刻上楔形文字，待干后便可保存。

根据已破译了的记录在黏土板上的楔形文字，发现大多数记录与商业交易有关。

1929年，德国考古学家尤利乌斯·乔丹率领一支考古队，在美索不达米亚西南部苏美尔人的古城乌鲁克发掘出了一块5 000年前的巨大黏土泥板，上面写满了楔形文字。

在针对两河流域文明的考古发掘中，出土了大量的黏土泥板文献，其中绝大部分可归类为账本，包括税收、付款、私人财产、工人薪资等方面的记录。这些记录就是人类最古老、最系统的账本。

一直到中世纪，欧洲商人的账簿极其简单而凌乱，那只是一些他们自己才能看懂的纸条，上面记录着各笔生意的流水账。直到印度人发明的阿拉伯数字经中东传入欧洲，这种状况才有所改善。

14世纪，在意大利北部城邦佛罗伦萨出现了复式记账法（double-entry bookkeeping ledger）的雏形，人类记账技术发生了第一次革命。

4 000年前就出现了记账货币

记账货币是古已有之的东西。

到了公元前2100年的乌尔第三王朝时期，苏美尔人已经拥有了令人叹为观止的货币系统。

那时，白银已经成为苏美尔人商品价值的公认尺度，王朝创始人颁布的《乌尔纳姆法典》规定，乌尔王朝的臣民，戳瞎别人一只眼，代价是60谢克尔；离婚需要支付1迈纳（60谢克尔）的白银罚金；扇别人一个耳光，罚款10谢克尔；强暴女奴需要支付5谢克尔的白银罚金。

谢克尔最初的用途之一，很可能是用来向庙宇支付与女祭司神圣交合的费用。

然而，这里说的白银并非真实银币，也非碎银，而是"未经加工的银条"，极少流通，大部分被用来作为祭品供奉神灵或保存在金库里。

苏美尔人的这种货币系统，由寺庙和王宫主导、记录，具有计划经济的管制特征，绝非自发秩序的产物。

由于两河流域有的是取之不尽的黏土，苏美尔人就地取材，会将交易共识用楔形文字刻在一块块黏土泥板上。

苏美尔人既不依赖物物交换，也没有向流通领域投放广泛流通的铸币，而是通过黏土"账本"建立了一个庞大的债务网络。苏美尔人发明这套货币系统，是以国家武力作为后盾的，其动机在于方便征税。

账本里所说的白银，其实只是一种记账单位，基本上不参与实际流通。白银被认为是一种抽象的虚拟计量单位。黏土泥板上的债权，有时也可以转让、流通。

这和现代的黄金储备何其相似,作为金本位时代的产物,世界各国大约共有7 000多吨的黄金,存储在美国纽约市曼哈顿区这个世界经济中心的一个地下金库里。

美国人类学家大卫·格雷伯在其所著的《债:第一个5 000年》中认为,虚拟货币(virtual money)才是货币的原始形式。信贷系统、账款,甚至花费账目,要比现金出现得还要早。

自发秩序和顶层设计的博弈

事实上,货币的演化史是跳跃的、非线性的、多线并行的。货币的发明、设计、流通也并非只有"自发秩序"一条路径。根据史实,最强大的货币体系,是自发秩序和顶层设计两股力量相互博弈的产物。

中国古代的"帝王师"管仲曾说过大意如此的话:货币的发行权必须由国家垄断,谁控制了货币的发行权谁就是事实上的君主。然而,绝对控制权终究是一种理想。采用何种货币,一半在人为,一半是天意。

货币的出现是一种自发秩序

货币的出现,可以说是人类行为自然演化的结果。

奥地利经济学派创始人卡尔·门格尔在《论货币的起源》一文中,试图阐明这一观点。

奥地利经济学派的杰出代表哈耶克将其提炼为"自发秩序"(spontaneous order)这个概念。

自发秩序是奥地利学派的核心思想之一，它的意思是，我们今天在社会上看到的秩序，不是由哪一个个人或者哪一个权威机构主动设计出来的，它是由无数人的行动汇合而成的。哈耶克认为，"道德、宗教和法律、语言和书写、货币和市场"都是自发秩序。自发秩序这一理念深受自由主义经济学家推崇，布坎南甚至把它视为经济学的"唯一原则"。

比如我们平时使用的语言就是一种典型的"自发秩序"，因为它绝非任何单一理性设计的结果，同时又具有自律性和高度复杂的结构，还规范着人们的社会活动。你买几本最新的权威词典看看就会发现，当年在学校拼命规范的读音，现在又"从俗"——改回去了，比如 "说服"的汉语拼音最新注音是"shuō fú" 而不是过去语文老师努力强调的"shuì fú"； "确凿"的"凿"在原来课本上读"zuó"，但现在要读"záo"……

另一个相反的例子就是世界语，它是波兰籍犹太人柴门霍夫博士于1887年设计的一种具有"科学性、逻辑性"的语言，一直有人在非常认真地推广，但迄今为止它几乎没有任何影响力。

门格尔认为，货币的起源、货币的形态，跟语言的发展非常相像。货币也是一种自发秩序。正如一句话、一个词能不能流行，不仅仅在于说的人，还在于听的人，在于别人接不接受。货币从物物交换演变而来是一个自然而然的、自发的过程。

门格尔认为，"只有学会将我们所研究的这个社会程序的建立看作是一个自发的结果，看作是社会各成员具体的个人努力偶然产生的结果，我们才能够充分理解货币的起源"。

经济学家约翰·史密斯在他的论文集《什么是货币》当中提到，货币由物物交换自然演化而来，用以解决实际问题，而政府从头至尾仅仅发挥批准的作用。

但此类观点并未反映事情的全貌。

货币的演化离不开"顶层设计"

在古代，神权是归国家垄断的。正如哈耶克所言，国家开始放弃对宗教垄断的历史，还不到300年。

大约在公元前3000年，苏美尔人已经开始使用"麦元"。所谓的麦元，就是用固定量的麦子作为通用货币单位，用来衡量和交换其他各种货物和服务。为什么选择麦子作为货币呢？因为苏美尔人的庙宇是和谷仓建在一起的。

苏美尔文明也是政教合一的。把麦子作为货币单位，很可能是庙宇里的神职人员决定的，而宗教是由国家垄断的。

语言文字的演变，也折射出了货币的"顶层设计"的特征。

英文中"money"表示"钱"的意思。Money这个词，起源于罗马神话中财神朱诺·曼尼塔，因为钱都是在她的庙宇里铸造的。

英语的"capital"（资本）或者"capita"（量词caput的复数）这两个单词，其词源的最初含义就是"牲口总头数"或者"财富"。这种牲口，其实也很可能是用来祭祀的牲口，并不是随身携带的现金，而是一种虚拟的钱财。

同样，苏美尔人用"mas"表示牲畜的"幼崽、牛犊、羊羔"，同时这个词也用来表示"利息"。

英文中的"salary"表示"薪水"，而追溯这个词的来源，其实它和盐（salt）有关。盐在历史上也曾经被作为货币，而且在很多国家都是由政府垄断专卖的。

文字也反映了货币具有的虚拟性。

在英语中，"coin"这个单词，除了硬币，还有一个含义，就是凭空杜撰；而"fantasy"这个词的含义除了幻想之外，还有货币的意思。

金属铸币的出现

人类曾经使用过的实物货币有农具、贝壳、茶叶等，这样一来，交易就大大方便了。

海贝是最初的货币，但这种货币"社会可扩展性"比较弱，甲骨文的"朋"字是由两串贝壳构成的。这种贝壳当然是货币，但也只限于熟人之间的记账技术。

贝壳串珠，曾经是北美地区印第安人使用的一种货币。19世纪，由于技术的发展，白人用大批量捕捞到的贝壳串珠与当地土著做交易，印第安人轻信了这些白人，在北美引发了恶性通货膨胀，印第安人被洗劫一空。最终英镑取代了贝壳。在原来的贝壳作为媒介的生态系统中，人们不得不将贝壳转换为英镑，于是，支付（shelling out）这一术语诞生了。

大约公元前660年，在邻近两河流域的吕底亚王国（位于现在土耳其的西北部），才出现了世界上第一批铸币。但不久之后，从美索不达米亚到波斯，从印度到中国，文明世界都开始使用货币。许多国家在古代就有经济学思想。春秋时期的管仲，还施行过类似于"货币战争"的策略。

直到金属铸币的出现，货币才实现了它的"社会可扩展性"，比如基督教和伊斯兰教之间曾经发生过战争，但在战争期间都能接受对方的金属货币。

金属铸币是战争的产物

西方人普遍认为，是吕底亚人最先发明了铸币。

吕底亚古国位于今天土耳其的西北部，它大约在公元前660年开始铸币。

铸币的发明，使吕底亚王国的市场交易变得繁荣起来。

但吕底亚人最初发行铸币的动机，并不是为了便于老百姓做交易（民用），而是基于军事需求，便于为士兵发军饷（军用）。早在金银充当货币之前，金银就被用于打造珠宝饰品，或者当作财富收藏。军事征服之后往往伴随着对战败者财富的洗劫，用掠夺而来的金银制造铸币，发给士兵作为战利品，是一个绝佳选择，因为士兵需要一种便携式的财富。而铸币具有便于携带，不易腐败、降解的特点。

亚历山大大帝在征服波斯帝国之际，每天用于支付10万大军的军饷高达半吨白银。这些白银当中的大部分来自波斯的银矿，再由战俘打造成亚历山大规定的铸币。亚历山大每征服一地，都要求用规定的铸币纳税。在刀兵强制之下，铸币得以广泛流通。

铸币的普及，极大地促进了市场的繁荣，这是一种吕底亚官方始料未及的偶然结果。

这其中有一个经济学原理，直到1776年亚当·斯密的《国富论》出版，人们才弄明白。

当时的英国国王曾问亚当·斯密："您声称经济学能让我们的国家变得更富裕。可是纺织女工织布，农夫耕作。你既不织布，又不耕地，请问你创造的财富从何而来？"

斯密回答道："陛下，财富来自交易。"

斯密认为，由于人天生就有交换的"良能"，国家不干预经济，经济自然就会发展起来。一个国家的繁荣，有和平的环境、凑合的司法、比较公允的税收就够啦！

斯密说："女王陛下，请您不要干预国家经济，回家歇着去吧！"国家做什么呢？就做一个守夜人就够了，当夜晚来临的时候就去敲钟，入夜了看看有没有偷盗行为，这就是国家的任务。亚当·斯密认为，只要国家不干预经济，经济自然就会发展起来。

这个道理，为英国指明了一条后世几百年国力强盛之路。

假设织布女工织了很多布，农夫种出了很多粮，但这并不是国民财富的最大化。因为财富并不是简单的相加，只有织布工和农夫相见了，两人做了交易，织布工有了粮食吃，农夫也有了衣服穿，这才达到了资源的最佳配置。

而铸币（现金）这种交易媒介的发明，大大降低了觅客成本，促进了市场的繁荣。

亚当·斯密认为，自由交易的结果一定是"双赢"的。如果有一方不满意，这个交易就不会发生。哪怕是在市场一个微观的角落，交易的轻微增加都是积极的，这背后的经济学原理是专业化分工——只有每个人都做自己最擅长的，放弃自己不擅长的，效率才能极大地提高，生产力才能被激发出来。

当时，吕底亚商人买卖的商品既有谷物、油、啤酒，也有陶瓷和化妆品，就连最早的妓院和赌场也是吕底亚人设立的。古希腊历史学家希罗多德曾写道：吕底亚普通人家的女儿在出嫁之前都要通过卖淫来攒够嫁妆。

经济繁荣的同时，吕底亚的军事也进入全盛时期，征服了希腊在小亚细亚的所有城市。

发明铸币的另一个偶然结果，就是方便了收税。据说，吕底亚末代国王克罗索斯之父的坟墓，大部分的修建经费源于向妓女课税。

以武力为后盾的信用货币

诚然，货币的发明是一种自发秩序。但货币的设计与发行，并不止自发秩序一条路径。很多成功的货币系统是以武力为后盾强行建立起来的。

众所周知，美元是一种信用货币。

自1971年和黄金脱钩之后，美元成为世界上最强大的信用货币。这是基于美国强大的军事力量，否则，美元也只不过是一种印刷精美的纸张。

很多人有一种错觉，那就是1971年布林顿森林体系瓦解之后，才有了如今的信用货币体系。其实，类似美元这种货币体系，历史上早已有之。

公元1000年左右，中国的四川地区，一些商户开始印制发行名为"交子"的纸币，于是人类社会便出现了第一张纸币。到了公元1023年，宋仁宗就把这一纸币发行权收归政府独有。宋朝之后的元朝，又进一步强化了纸币这种信用货币。

1295年，马可·波罗途经丝绸之路从中国返回时，在他的《马可·波罗游记》中描述了众多传奇故事，其中之一便是"大汗的纸币"——忽必烈以严刑峻法强迫国民接受纸钞，放弃金属铸币。

忽必烈发行的这种纸币叫作"中统元宝交钞"，于元中统元年（1260年）发行，一直用至元末。这种纸币已与现代的钞票别无二致。"中统元宝交钞"为树皮纸印造，正面上下方及背面上方均盖有红色官印防伪。

马可·波罗写道："发行的所有纸钞好像都具有像纯金或纯银一样庄严的权威……所有人都乐意接受。纸钞在大可汗国境内通用，不管是谁都可以用纸钞进行货物的买卖交易，就好像纸钞和纯金的铸币没有什么两样。"

这种钞票发行之初，以白银为本位，以贯、文为单位，任何人持中统钞都可按银价到官库兑换成白银，中统钞每两贯可兑换白银一两。

元朝初年的纸币制度非常成功，元朝经济在当时极度繁荣。纸币的广泛使用大幅节省了交易费用，使财货得以充分流通，资源得到有效配置。当时，破损的纸币缴纳3%的费用就可以换成新币，这可视为一种负利率。至元二十二年（1285年）起，全国禁用银钱市货，"中统元宝交钞"成为国内唯一合法的流通货币。这在世界货币史上是一个伟大创举。

明朝的金融危机

中国人使用白银的历史悠久，但中国却算不上盛产白银的大国。

明朝开国之初，白银数量还不足以作为流通货币。所以，明朝初期选择以铜钱作为法定铸币。

开国之初，明朝铜的开采量也非常低。由于生铜短缺，铸币远远不能满足市场的需求。这个时候，明王朝推出一种名为"宝钞"的纸币。为了保证宝钞的顺利发行，官方禁止黄金、白银作为货币流通。白银成为明朝的合法货币，是朝廷被动接受的。

当明朝发现发行纸币是个弥补财政赤字的捷径后，就一发不可收拾。仅朱元璋时期超发的货币，折算成白银就高达4.6亿两。宣德末年（1427年），宝钞已形同废纸。对信用货币之信用的无限透支，为明朝灭亡埋下了伏笔。

白银最终成为主流货币，是顶层设计与自发秩序相互博弈的结果。

一方面，宝钞滥发无度，引起了恶性通货膨胀。民间本能地选择将白银作为价值存储的手段，来抵抗通货膨胀。民间贸易抛弃了纸币，用铜币进行小额交易，用白银进行大额交易。

另一方面，15世纪郑和七下西洋，拉开了中国海洋时代的序幕，成功地贯通了古代陆海丝绸之路。随着富含银矿的美洲新大陆的发现，欧洲殖民者劫掠了巨量的黄金与白银运回欧洲，但也仅仅是在欧洲做短暂停留，接着，便向东流往亚洲，特别是中国。

1600—1730年，从欧洲流向远东地区的黄金白银的数量，超过了从美洲输入的贵金属数量。中国就像一块海绵，不断吸纳着全世界的白银。据后世学者估算，当时世界上将近1/3产量的白银都流向了中国。根本原因在于贸易顺差，中国产的瓷器、茶叶、丝绸对欧洲具有魔幻般的吸引力。在此背景下，巨量的白银开始流入中国，满足了白银作为流通货币的需求。

滥发纸币，使得明王朝原有法币在与白银的竞争中彻底失败。白银在民间的普遍被认可，使得白银成为一种事实上的流通货币。这促使明王朝被迫考虑收编白银作为法币的可能性。

明中后期，官方取消禁止白银流通的法令，白银开始合法化。万历年间（1573—1620），张居正在全国推行"一条鞭法""计亩征银"，这标志着明清白银货币化的最终形成。

这次"币改"，从表面上看是顺水推舟，波澜不兴，但其效果不亚于一场暴力革命后的财富洗牌。

一方面，国家根本不知道民间到底有多少银子，金融系统开始紊乱。明末出现了"钱贱银贵"的乱象，粮食的价格以白银计价下滑70%，以铜钱计价则上涨10倍。百姓挣的是铜钱，纳税却要用银两，这就造成了一种恶性通缩。那些囤积白银的豪强大员因此发了横财，贫富急剧分化，流民四起。

另一方面，相较于境外流入的白银，国库的白银少得可怜。尽管当时全世界1/3产量的白银都流向了中国，朝廷支出却捉襟见肘。"币改"后形成了民（豪强）富国弱的局面。等到崇祯时期（1628—1644），国库已经没有军费来供养庞大的军队了。在裁撤的队伍中，有一个驿卒，名叫李自成。

竞争货币理论

哈耶克是奥地利裔英国经济学家，新自由主义的代表人物。

所谓新自由主义，是相对于以亚当·斯密为代表的古典自由主义而言的，是古典自由主义发展的一种极端的表现形式。新自由主义，是一套以复兴传统自由主义理想，以尽量减少政府对经济社会的干预为主要经济政策目标的思潮。一些学者称之为"完全不干预主义"。乔治·索罗斯把这种相信市场能够解决所有问题的理念称为"市场原教旨主义"。

新自由主义除了以哈耶克为代表的伦敦学派外，还包括以弗里德曼为代表的货币学派、以卢卡斯为代表的理性预期学派、以布坎南为代表的公共选择学派等。

哈耶克的经济学观点是其他新自由主义者的主要思想来源。哈耶克长期活跃于反凯恩斯主义、反国家干预的新自由主义思潮的风口浪尖。哈耶克的代表作有《通往奴役之路》和《个人主义与经济秩序》等。但哈耶克的观点如此惊世骇俗，以致没有哪个政府敢采用他的观点。尽管哈耶克盛名在外，却依然穷困。

1974年，哈耶克获得诺贝尔经济学奖。这次获奖，让哈耶克的思想成为显学。如果说经济学是现代帝王术，那么哈耶克就是现代帝王师。哈耶克不但被里根总统奉为"国师"，还被撒切尔夫人公然奉为她在"整个20世纪80年代最重要的哲学导师"。

从此，困扰哈耶克多年的抑郁症一扫而光，很多奇思妙想涌现出来。

1976年，哈耶克更为激进的一本书《货币的非国家化——对多元货币的理论与实践的分析》问世。

在古典自由主义者的圣经《国富论》中，有一段话曾被广泛引用：我们期望的晚餐并非来自屠夫、酿酒师或是面包师的恩惠，而是来自他们对自身利益的特别关注。

哈耶克将此归纳为：自利比慈善更易产生好的结果。

哈耶克进一步推论：既然在一般商品、服务市场上自由竞争最有效率，那为什么不能在货币领域引入自由竞争？

哈耶克在书中说，300年前，没有人敢相信政府会放弃对宗教的垄断。同样，将国家对货币的垄断当成不可置疑的信条，这只是一种迷信。

哈耶克认为，通货膨胀是万恶之源，不仅恶性膨胀会带来危害和痛苦，即使是温和的通货膨胀，最终也会造成周期性的经济萧条与失业。

哈耶克提出了一个建议：废除中央银行制度，允许私人发行货币，并自由竞争，在这个竞争过程中会发现最好的货币。

哈耶克认为，要彻底解决通货膨胀，根本之道是让货币的发行"去国家化"，不同的货币在市场上自由竞争，出于人性的自利考量，币值最稳定的货币将会胜出。那么，就不会再有一般的通货膨胀和通货紧缩，也废除了经济危机的根源，收支贸易平衡也不再成为问题。

哈耶克在书中还讨论了银行自由发行货币的一些技术性问题，由于缺乏技术条件，实际运行的情况将很难如他所言，会形成"自发秩序"。

哈耶克的货币理论一经提出，首先受到了来自新自由主义阵营内部的质疑。哈耶克的货币理论最先遭到了自己的学生——货币主义大师米尔顿·弗里德曼的批判。

哈耶克既是主张经济自由的伦敦学派的主要代表，又是芝加哥学派的核心成员，同时也是奥地利学派的骨干。现在"币圈"人士言必称哈耶克，这其实是错认知己。关于货币问题，作为货币主义大宗师的弗里德曼更有发言权。

米尔顿·弗里德曼在1976年恰好也荣获了诺贝尔经济学奖，风头正劲，他批评哈耶克说："不管是经验还是历史都证明，民间货币不可能取代政府货币。"

对此，哈耶克回应说，只要有自由选择权，民众就会选择更优质的货币，比如"二战"后不停贬值的英镑被其他货币所取代，欧洲大陆的民众比起本国货币更爱美元。显然，哈耶克的这个反击凌乱乏力，因为他所举例子中全是官方法币，没有一种是民间货币。显然，哈耶克不了解中国的货币史，没能举出明朝白银上位的例子，如果他利用这个例子回应将会加分很多。

失败的"竞争货币"实践

假如哈耶克穿越到中国的西汉，成为那个时代的国师，就一定有机会实践自己的竞争货币理论。

为解决流通货币不足的问题，汉文帝和他的经济学顾问就实施过货币的"去国家化"计划。

汉文帝五年（公元前175年），"除盗铸钱令，听民放铸，造四铢钱"，也就是宣布任何人都可以参与铸造货币。此举确实解决了流通中货币不足的问题，但也导致了意想不到的竞争。这一政策给金融市场带来了不小的冲击。由于各郡县使用的铸钱轻重不同，流通起来需要相互换算，非常烦琐，平白增加了交易成本。而私人铸币者大发横财，如《史记》所述："故吴，诸侯也，以即山铸钱，富埒天子。"

"货币的非国家化"是否正确姑且不说，但其在发展过程中必然会经历一定程度的混乱。而那些参与竞争的"发币者"，为追求利益最大化，往往在铸钱时混入铅、铁等贱金属。西汉贾谊就记载了当时"奸钱日繁，正钱日亡"的事实。

直到公元前113年，在大臣建议下，汉文帝的孙子汉武帝才正式收回了铸币权。武帝不得不通过铁腕，将一些豪强的钱财收归国有，这才有了西汉的长期稳定。

美国历史上也曾经历过一个"自由银行时代"。从1836年杰克逊总统否决了延续美国第二中央银行的提案之后,联邦政府就从银行监管中退出,开设银行只需要在州政府备案即可。于是,各州之间争相降低开设银行的门槛,各种私人银行如雨后春笋般涌现。而且,美国当时没有统一的货币,各个银行都可以发行自己的钞票。美国出现了各种私人发行的"竞争货币"并存的局面。由于这些银行随时可能会倒闭,银行发行的钞票的信誉度也受到广泛怀疑。金融体系一片混乱,因而这段历史也被戏称为"野猫银行"时代。美国的中央银行——美联储正是这种乱局的一个产物。

金银的去货币化

贝壳作为货币的历史非常悠久。

大约在4 000年前,整个非洲、南亚、东亚和大洋洲都是用贝壳来交易的。直到20世纪初,英属乌干达还可以用贝壳来缴税。

甲骨文的"朋"字,则是两串贝壳,仿佛两个达成共识的人在用贝壳做交易。汉字中有不少与财产有关的字,都是以"贝"为偏旁,比如账、债等。

古希腊第一批铸币,就是用黄金模仿贝壳形状铸成的。

可以说,黄金是贝壳的2.0版本。

几乎与吕底亚王国同时,中国发展出了另一种略有不同的铸币,用的是铜币和没有印记的金银元宝。这两种铸币制度的共通性在于,都是以黄金和白银为基础。

金本位制度的形成,也是一半天意,一半人为。

早期，很多资本主义国家都在使用金银复本位制，黄金和白银的兑换比例是固定的，但这是一种非常不稳定的货币制度。因为黄金和白银的价值并不总是恒定的，所以就会造成"劣币驱逐良币"[1]的现象。西班牙人洗劫了南美洲2 500吨黄金，然后坐吃山空，被英国人通过贸易洗劫了一大部分，英国用这些黄金确立了金本位制度。其他各国一看英国这么强，就纷纷效仿，特别是德国，德国在普法战争后卖出白银买入黄金；而法国采取的政策是限制银币每日的流通量，进一步打压银价，造成银价大跌，世界各国跟风抛售白银。1870年前后，除中国外，金本位开始在世界主要国家确立。

"二战"结束后，美国成为世界上黄金储备最多的国家，于是一个新的体系——布雷顿森林体系建立了。在新的体系中，美元与黄金挂钩，其他国家的货币则盯住美元。只有各国的中央银行才可以将自己持有的美元兑换为黄金，私人持有美元不能兑换黄金。这个机制几乎使美国成为世界银行。

这样，美元以黄金做后盾，开始顺利地在全球流通。但随着美元由"美元荒"转变为"美元过剩"，外国商人在同美国做生意时，渐渐就愿意接受黄金而不愿意接受美元了。这时，法国政府带头向美国要求以美元兑换黄金，然后越来越多的国家跟进。最终，迫使美国总统尼克松宣布停止以官价兑换黄金，导致布雷顿森林体系崩溃。

1976年，牙买加会议召开，正式取消黄金官价，世界各国开始实施黄金的非货币化。至此，黄金如同一个被废黜的储君，而美元这种信用货币终于在形式上一统天下。

尽管如此，黄金始终是各国法币系统一个事实上的竞争者。金银天生就具备充当货币的属性，它们具有体积小、价值大、便于携带、久藏不坏、质地均匀、容易分割等优点。同时，它们储量有限，开采有难度。这就是为什

---

[1] 劣币驱逐良币（Bad money drives out good）是指当一个国家同时流通两种实际价值不同而法定比价不变的货币时，实际价值高的货币或银子（良币）必然要被熔化、收藏或输出而退出流通领域，而实际价值低的货币（劣币）反而充斥市场。由16世纪英国伊丽莎白一世统治时期的财政大臣格雷欣提出，也称"格雷欣法则"（Gresham's Law）。

么卡尔·马克思会说"货币天然是金银"。可以说，美元这种"硬通货"的竞争货币一直都存在。

　　历史事实告诉我们，除非来一次恶性通货膨胀，否则没有哪个国家的中央银行会放弃铸币权。现在的加密货币技术非常不成熟，就算技术有了跨越式飞跃，产生了一种理论上势不可当的加密货币，各国央行也会把它纳入法币体系，最后像废黜黄金一样废黜这种加密货币。

| 第17章 |

加密货币与数字法币

北宋的交子,最初只是民间发行的"私交",也就是商户之间小范围流通的一种私人货币。

这种"点纸成金"的魔法,激发了大批骗徒的贪欲,纷纷发行"空气币""传销币",很多人因此被骗而倾家荡产。于是官方出面整顿,对交子的发行进行监管,至此,"交子"的发行须先取得政府认可。

宋仁宗天圣元年(公元1023年),北宋政府正式发行法定纸币——"官交子"。"官交子"发行初期,其形制、防伪技术都是仿照民间"私交"。

虚拟货币绝非横空出世的创新,历史上存在过金属货币占统治地位的时期,也存在过抽象的虚拟计量单位时期。

这两类不同的记账技术,在历史上交替往返。根据史实,是信用货币率先出现,而今天我们采用的信用货币系统,与其说是一种创新,毋宁说是一种复古。

历史不会重复,但历史会出现相同的韵脚。

回顾历史,我们可以展望数字货币的未来。

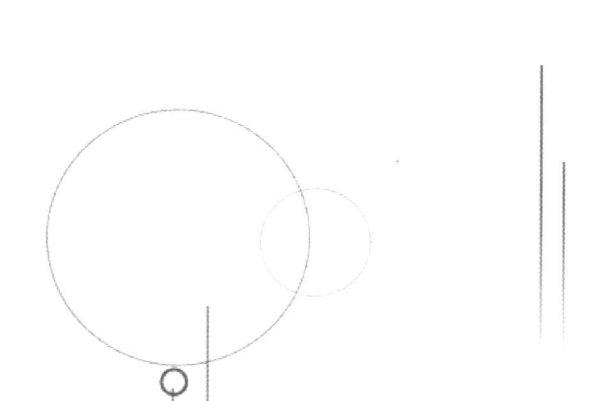

私人货币

《马可·波罗游记》中关于元朝纸币的翔实记录，激发了欧洲人的想象力，欧洲一些钱庄也试水发行纸钞，并进一步发明了"汇票"。

在彼时欧洲的商品交易会上，人们不便携带大量现金。汇票在贸易中能够减少人们对铸币的需求。商品交易会的集中运作，吸引并产生了越来越多的金融交易。

这个时候，货币的概念已经彻底虚拟化。有些情况下，100万里弗尔的易手，实际上并没有支付1个便士。

欧洲传统的公共货币，是政府发行的印刻有君主图案的金属铸币。现在，以信用工具的形式体现的私人货币，刚开始的时候一同参与商品流通循环，充当交易的支付形式。

这种货币的发明，促成了美第奇家族、罗斯柴尔德家族等财阀的崛起。

在好莱坞电影中，一些美国人不是直接支付纸币，而是通过签发支票，作为交易的主要方式。其实那是一种私人货币。私人货币通常采用某一记账单位来表示，譬如美元或者欧元，这些记账单位便于确定交易的规模，双方结算时使用的地方货币的数量。

记账单位是一种抽象的概念。当支票转移时，人们看不到真实的美元，或者说，用秤称一下它的重量。私人货币所有者所关心的是政府是否限制公共货币的供给，从而完全保持记账单位的稳定，避开通货膨胀带来的冲击。

但正如哈耶克所说的，政府几乎"无法克制滥发货币的冲动"，正是这种冲动，才导致了2008年金融危机以及占领华尔街运动。

弗里德曼预言的电子货币

货币作为一种"社会技术",是以金钱为表象的信用账户和清算体系。

把货币仅仅看作是一种"东西"或者是商品,或者是贵金属,就会错过这一发明的巨大潜能。

弗里德曼是芝加哥经济学派(总部在芝加哥大学)的领袖人物,被许多人看作是20世纪后半叶影响力最大的经济学家。他对经济观点的主要贡献或许在于他对货币主义(monetarism)的研究。在《货币的祸害》一书的开篇,米尔顿·弗里德曼也提及了"石币之岛"这则案例。

弗里德曼认为,雅浦岛的石币与文明社会的黄金并无区别,既然我们认为黄金是真实而且合理的,那么雅浦岛的石币也应当被当地居民认为是真实且合理的。

1932—1933年,法兰西银行担心美国不再盯住金本位,于是在美国卖出美元,换回黄金后,也要求纽约联储银行把黄金存至其会计账本上。作为回应,联储把黄金从一个大抽屉中,放入了另一个大抽屉中,并做了一个记号,表明抽屉中存放的是法国的财产。

在其他国家的银行的几个抽屉上标上几个记号,与德国殖民者的黑"十"字有异曲同工之效。

而现阶段的信用货币制度,在普遍的纸币不兑换的条件下,同雅浦岛沉入大海的"费"没有什么本质上的区别。

为此,弗里德曼产生了一个构想:可以用计算机技术来建立比国家信用更可靠的货币体系。弗里德曼构思了一个自动化装置,可以按程序来发行货币,从而避免各国央行无限制地开动印刷机。

要知道，这个构想要比中本聪那篇名为《比特币：一种点对点的电子现金系统》的论文早了许多年，可以说非常了不起。

在1999年，弗里德曼在接受媒体采访时表示，基于互联网的电子货币将会出现："有一件事被遗漏了，但很快就会被开发出来，这是一种可靠的在线现金。在互联网上进行购买活动时，您可以将资金从A转移到B，而在资金转移的过程中，A不需要知道B，或是B不需要知道A。通过这种方式将一张20美元的钞票交付给你，不会产生资金来自哪里的记录。在不知道我是谁的情况下，你或许就能得到这笔钱。这种事情将在互联网上被开发。"同时，弗里德曼也表示了自己的担忧——犯罪分子利用这种货币更容易从事非法活动。

10年后，一个化名中本聪的人（或组织），推出了一种名叫"比特币"的加密数字货币（但，中国市场并不承认和接纳这种货币），实现了弗里德曼的预言。

格林斯潘预言的私人货币

早在1996年，美联储主席格林斯潘就在演说中提到，随着技术的发展，可能会出现一种新的私人货币。"我们可以预言，在不久的将来，会出现某种电子支付形式，如预存价值卡或数字现金，并建立起专门的支付机构，这些机构财力雄厚、公信力很高。"

次贷危机爆发之后，越来越多的人开始呼吁复活金本位。

在此背景下，有个化名中本聪的人（或组织），用经济学思维，整合了一些现有技术，推出了比特币方案。比特币所用到的技术和经济学思维，被称为区块链（block chain）。中本聪旨在开发一种加密型数字货币，一开始就约定了发行总数，并且开采难度越来越高，这显然试图对黄金进行复刻。

比特币并不是格林斯潘所期望的电子货币，其在很多国家也不被承认。

格林斯潘认为，比特币当下的价格到底是不是昙花一现，要看会有多少比特币出现，来满足人们的需求。格林斯潘说："人们总是会购买各种实际上毫无价值的东西。人们总是喜欢去赌场，尽管明知赢的可能性很小，但是他们控制不住自己。"但格林斯潘也承认，尽管事实上比特币归根结底是一文不值的，但现在"确实在创造真实的商品和服务"。

"币圈"人士总爱抬出哈耶克来提振信心，然而，这实在是表错了情。

即使哈耶克活到今天，也不会承认比特币就是他理想中的竞争货币。因为比特币的稀缺性，导致其交易价格节节攀升，而被投机客所青睐的高波动性，又恰恰是阻碍它成为一种真正货币的原因。

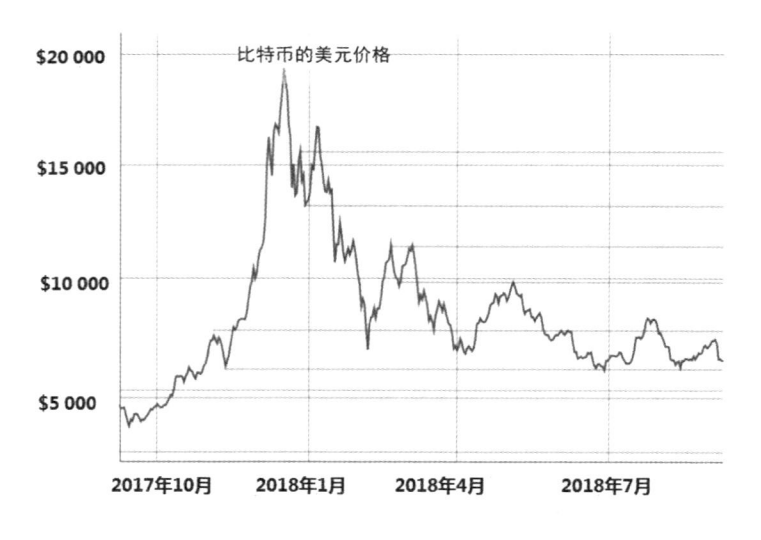

比特币一年内的价格振幅

哈耶克理想中的货币，是"稳定压倒一切"的。这是因为，货币贬值，对债权人是一种损害；货币增值，对债务人又是一种损害。哈耶克所鼓吹的竞争货币的核心价值在于"保持币值的稳定"。在比特币结束价格波动之前，它不可能是哈耶克理想中的货币，除非法币的波动性比它还要剧烈。

迄今为止，比特币的价格一直在波动，按照哈耶克的标准，其作为货币的价值远不如黄金。

2013年，诺贝尔经济学奖获得者罗伯特·席勒教授认为，比特币是一个非常聪明的想法，也是一个有趣的实验，但它只是一时风尚。席勒指出，比特币现在的使用率并不高，是一种支付属性很差的货币，更像是一种虚拟资产而存在。席勒教授指出，我们不应过分强调比特币，应该将注意力扩大到区块链技术，以及其他应用程序。

数字法币枕戈待旦

随着技术的发展，法币已经从纸质的记账货币进化到电子化的记账货币。

比如我们用的工资卡、信用卡就是一种电子货币。电子货币是法币的电子形式，它实现了货币彻底的去实体化。

我们领薪水并不需要现金，只是在工资卡的账户上做数字的加法。我们去超市采购粮油，去银行买天然气、买电只需要刷卡做减法。这一过程中都是由商业银行这种中介机构在记账。

然而，纸币和银行卡的时代终将逝去，法定数字货币会成为新的主流。

比特币之类的加密货币并不是法定货币，但是，它们的技术对金融体系的渗透力极强，为法定数字货币的应用奠定了技术基础。

没有哪个国家会真正放弃对加密货币的监管，只是分弱监管和强监管罢了。可以想象，如果货币不是由央行发行，而是作为去中心化网络的一部分在全球范围内存在,这是无论哪国政府也不愿看到的景象。

所以,区块链技术的最大客户,其实是各国的中央银行。为了维护既有货币体系的稳定性,货币当局会采用最先进的技术和设计理念来研究发行央行数字货币,以抵御来自私人加密货币的竞争。

美国联邦存款保险公司(FDIC)前主席希拉·贝尔女士是一位比特币的同情者,但同时,她也呼吁美联储务将CBDC(中央银行发行的数字货币)提上日程。她认为,如果不能在这项技术上领先,不仅普通商业银行会受到干扰,美联储自身也可能面临风险。

重赏之下,必有勇夫。很多大型科技公司、科研机构已经枕戈待旦,纷纷在这方面进行研发。

然而,目前的区块链技术,仍旧像一堆旧零件拼凑而成的勉强运行的机器,尚有巨大的改进空间。

美联储的美元法定数字货币、中国人民银行的人民币法定数字货币、欧洲央行的欧元法定数字货币,将成为数字法币竞争的主角。

中国政府目前已经有了一个区块链联盟——中国账本(ChinaLedger)。中国央行很可能会与中国账本等机构合作,进行法定数字货币的研究和开发。

关于我国央行是否会考虑将区块链技术用于央行数字货币的问题,中国人民银行前行长周小川曾说:"数字货币的技术路线可分为基于账户(account-based)和基于钱包(wallet-based)两种,也可分层并用而设法共存。区块链技术是一项可选的技术,其特点是分布式簿记、不基于账户,而且无法篡改。如果数字货币重点强调保护个人隐私,可选用区块链技术。人民银行部署了重要力量研究探讨区块链应用技术,但是到目前为止区块链占用的资源还是太多,不管是计算资源还是存储资源,应对不了现在的交易规模,未来能不能解决,还要看。"

也就是说,中国央行推出的数字法币,会把区块链技术作为一个备选方案。但目前的区块链技术并不成熟,实在不行,很可能会采取一个折中方案，而不是纯粹的区块链技术。

全球各大经济体正在探索使用法定数字货币的可能性，在法律所允许的范围内，寻求保护公民隐私权、财产权和维护社会公平正义之间的平衡点。

可以预见的是，法定数字货币最初只是对M0[1]的部分替代，具有无限法偿性，即承担了价值尺度、流通手段、支付手段和价值贮藏等职能。

2017年，中国人民银行提交了近70项基于区块链的专利。随着央行旗下的数字货币研究所的正式挂牌，中国也做好了实行法定数字货币的准备。

2018年4月，在博鳌亚洲论坛上，中国人民银行行长易纲表示，正在研究如何发挥数字货币的正能量，让它更好地服务于实体经济。

目前，数字人民币（Digital RMB）已经逐步推广测试范围，这是由中国人民银行发行的数字形式的法定货币，它是以广义账户体系为基础的，支持银行账户松耦合功能，与纸钞硬币等价，具有价值特征和法偿性，并且支持可控匿名。

加密货币的一个悖论

一般加密货币，比如比特币，都算不上是智能货币，甚至在结束价格波动之前，它们连货币的基本任务都难以承担。

以法币定价的加密货币要想"废法币而自立"，这其实是一个悖论，这就像一个人要拎着自己的头发脱离地表一样。

当然，在一些发生恶性通货膨胀的国家，在灰色交易地带，加密货币会长期有一席之地。为避免不必要的争议，比特币之类数字货币未来的命运，

---

[1] M0指的是流通中现金，指银行体系以外各个单位的库存现金和居民的手持现金之和。

不在本书讨论范围之内。但有一点可以肯定，数字法币一定会后来居上。

历史上，北宋的"官交子"很快就超越了"私交"，"私交"慢慢衰落，只有最初的防伪技术与形制保留了下来。

数字法币是法偿性货币，所以它有着最为广泛的应用前景。

目前，比特币之类的加密货币，应用起来还是太复杂，一万个人里面未必有一个人懂得怎样开一个数字货币账户。还有一个根本问题，就是它的商品属性。以比特币为例，它的设计采用的是"通缩模型"，规定了到2140年最多能够挖出2 100万个比特币，这会导致它价格上升的预期，拥有它的人更倾向于把它"屯"起来。而市场情绪又会推动它的价格震荡。就算那些采用"通胀模型"，也就是发行量上不封顶的加密货币，价格一样会剧烈震荡。

如果加密货币不解决价格剧烈波动的问题，它们的货币属性只会越来越弱。

经济学的一个基本问题是如何管理货币供应。汇丰银行的一份研究报告表明，各国央行可以利用区块链的可编程技术，追踪央行发行的法定数字货币的流动情况，精准地执行货币政策。

麻省理工学院的数字货币计划组织里，有一个国际项目正在进行，它的目标是开发出各国央行或政府可能会采用的法定数字货币的原型。他们已经开发出了一种名为K320的实验性数字货币。K320的发行量并没有严格地固定下来。它的设计目标是，通过降低稀缺性这个因素来减少人们囤积这种加密货币的行为。

社会需要人们将货币花费出去，而不是存储起来；而人们总是倾向于储蓄避险。为了避免这个结果，K320的发行机制是有着持续的温和通胀率的。这意味着这种货币的发行速度在前8年会达到高峰，然后会以每年3.2％的通胀率持续发行。这个数字高于（高出2个百分点）各国物价指数，是根据世界上大多数央行对其国家的消费者物价指数目标而定的。K320数字货币团队正试图在通货紧缩和通货膨胀之间找到平衡点。

数字法币，从价值支撑的角度来说，是一个信用问题；从实现的方式上来说，则是一个技术加密问题。中国央行数字货币研究所所长姚前如此点评数字法币："在价值上是信用货币，而从技术上看应该是加密货币，实现上它是算法货币，不过从应用场景上来说则是智能货币。"

数字法币堪称一种智能货币，智能合约技术成熟后，不仅能使金融交易完全自动化，还节省了大量的中后台行政人员，而且可编程经济时代将会真正实现。

此外，数字法币还具有可追踪、回溯的特点。对大多数遵纪守法的人而言，这种优势是其他虚拟货币不可比拟的。

比特币之类的加密货币具有"匿名性"，就算你的加密货币被黑客洗劫一空，也无法追回。事实上，一些人所鼓吹的比特币匿名性还不如现钞；而数字法币是一种智能化货币，则具有可追踪性，比如被犯罪分子骗走的钱，可以通过技术手段收回来。对于打击贪腐、洗钱等犯罪活动，数字法币也具有独到的优势。

数字法币的网络效应

货币的唯一价值，就在于别人认为它有用。

货币类似于社交网络，越多的人使用，它就越有价值。这就是数字经济的"梅特卡夫定律"——网络价值与用户数的平方成正比，即网络使用者越多，它的价值就越大。

换句话说，某种网络，比如电话的价值随着用户数量的增加而增加。例如，在电信系统中，当人们都不使用电话时，安装电话是没有价值的，而电话越普及，安装电话的价值就越高。在互联网、传媒、航空运输、金融等行业普遍存在这种效应。这种效应又叫网络效应，也称网络外部性，是指产品价值会随着购买这种产品及其兼容产品的消费者的数量增加而增加。

工信部赛迪研究院曾经发表过一个加密货币技术排行榜,比特币没有入围前十。但比特币的规模仍是加密货币市场最大的,这就是网络效应的威力。

就网络效应而言,数字法币由于具有法偿性,而具有无可比拟的优势。

市场本身就是一个用钱投票的系统,这种投票会带来"强者恒强"的网络效应。

经济学中有一个"公地悲剧"的说法,公地作为一项资源或财产有许多拥有者,每一个拥有者都有使用权,但没有权利阻止其他人使用,而每一个人都倾向于过度使用,从而造成资源的枯竭。而网络效应是一种典型的"公地喜剧"。

网络效应产生了"公地喜剧",意思是网络的用户数量越多,该网络就越值钱。数学家认为,网络价值之总和会随着网络用户数以平方的速度增长。当用户数达到一个临界点,网络价值会呈爆炸式增长。

在具有网络效应的产业中,"先下手为强"(first-mover advantage)和"赢家通吃"(winner-takes-all)是市场竞争的重要特征。

联邦快递公司的快递网络就是一个典型,若干年的惨淡经营,利润缓慢增长,在20世纪80年代早期爬升到一个看不见的临界值之后,便开始了一飞冲天的疯狂增长。

腾讯QQ的故事也是一个经历了漫长煎熬后一夜爆发的神话。在熬过了艰难积累用户的几年之后,QQ的用户数量悄悄越过了无回报点,接下来便是众所周知的成功传奇。

数字法币的推出只是个时机问题

银行是一个非常古老的行业，而中央银行却是一个相对现代的概念。美联储从诞生到现在也不过100来年。

就算没有比特币之类的加密货币，仅电子支付就已经威胁到了央行的主导地位。

仔细观察一下，你会发现街头的ATM机正在减少。无现金支付的时代已来临，纸钞逐渐退出交易已经是大势所趋。其至银行卡的作用也在弱化，人们甚至可以不用银行卡就能进行交易，通过微信、支付宝之类的民间第三方支付平台就可以转移价值。长此以往，央行将与货币的使用者逐渐脱离直接联系，用户使用的不再是央行直接发行的货币，央行的货币政策将更难被传导至市场。

因此，发行数字货币也不是仅仅畅想一下而已，而是形势所迫。

货币政策需要数字法币

如果说以上原因只是被动防守的话，央行发行数字法币还有主动出击的动机。

推出数字法币，显然更利于国家进行宏观调控。英国是最先提出数字法币构想的国家，英国央行的一份报告指出，央行可以通过数字法币让货币政策影响公司和个人，从而起到立竿见影的效果。英国研究RSCoin[1]正是出

---

[1] RSCoin，即中央银行加密货币（Centrally Banked Cryptocurrencies，简称RSCoin）系统，是在英格兰银行的建议下，英国伦敦大学学院的研究人员提出并开发的一个法定数字货币原型系统。

于这种动机。

货币政策，是全世界中央银行行长管理经济的工具箱中的一种重要工具，特别是在发生经济危机的时候。

比如很多国家的央行实施所谓的负利率，以达到增加货币供应，实现刺激经济增长的目的。然而，负利率只能传导到金融机构而无法传导至个人。

假如央行向个人宣传将实施负利率，那么个人的第一反应就是赶紧把钞票从银行提出来，那就会发生挤兑风潮。如果数字法币成为主币，现钞和硬币只作为辅币或干脆退出市场，央行就可以完美地实施包括负利率在内的货币政策。

央行与商业银行之间是一种存贷关系。就是央行创造基础货币，商业银行在很大程度上决定货币乘数，并最终完成货币投放。

而金融乱象和低效的监管体系已经导致央行传统的货币传导机制失灵，货币创造机制已经变为"央行—商行—银行表外—影子银行"的复杂模式。

数字货币能够更好地监测货币流向，为有效调控经济提供最真实的数据资料。数字法币的出现，必将进一步促进经济的繁荣，其意义可以参照我国历史上曾经出现的"官交子"。

小范围的数字法币实验

米尔顿·弗里德曼曾说，货币是一件太严重的事情，故而不能仅仅交给中央银行家们。

数字法币一定会出现，也不会全部由中央银行主导，并且一开始只限于小范围实验。

目前，IBM[1]正在研发一种数字货币，与美元1∶1等值。由联邦存款保险公司担保。后者是隶属于美联储的一家机构，它保证银行如果破产，储

---

[1] IBM，国际商业机器公司或万国商业机器公司（International Business Machines Corporation，简称IBM）。总公司在纽约州阿蒙克市。1911年由托马斯·沃森创立于美国，是全球最大的信息技术和业务解决方案公司。

户在银行里的存款不至于丢失。

假如IBM发行的数字货币出现问题,比如被盗,联邦存款保险公司可以担保所有损失。从某种程度上讲,这是一种由美国的中央银行和大企业联合进行的数字法币实验。

日本的商业银行也主导开展了发行数字货币的尝试,与日元1:1等值,以期降低支付结算的成本,避免消费数据的外流。

数字法币的大面积推广,一定是危机驱动的。除非再来一次金融危机,否则没有哪个领导者敢做这个决定。

换币如换天。换掉一个国家的货币体系,其影响比换掉一个政权还要久远。根据弗里德曼的研究,自从明朝中后期承认白银的合法地位以来,一直到民国时期,白银一直稳定地作为中国的主要货币存在,这使得中国几百年来都没有发生恶性通货膨胀。这也使得中国避开了1929年那次经济危机。1934年,罗斯福总统为了取悦美国的白银利益集团,颁布了《白银收购法案》。这一举措令全球白银价格大涨,从而引发了中国的通货紧缩。蒋介石决定冒险一搏,废除银本位,同时发行金圆券,并要求将私人持有的黄金、白银和外汇全数充公,以期实现金本位制。中国很快又迎来恶性通货膨胀,也因此加速了蒋介石政权的垮台。

一场金融危机,或者一种技术取得跨越式进步的加密货币的崛起,都可能成为数字法币普及的契机。

委内瑞拉的"石油币"实验

2017年12月,在俄罗斯的支持下,委内瑞拉总统马杜罗宣称,为了打破美国的金融封锁,委内瑞拉推出了全世界第一种由国家推广的加密货币——

石油币（petro）。

本质上，区块链是一种"密写账术"，这种技术的问世，会带来种种不确定性。就世界政治、经济格局来说，可谓"此物一出天下反"。反的是美元的绝对强势地位。

与一般加密货币不同，委内瑞拉石油币锚定在石油资源上，从理论上来说，一枚石油币将有一桶原油价值支持。

马杜罗在电视讲话中宣布："每个石油币都将有一桶油支持。"以奥里诺科重油带阿亚库乔区块1号油田的53亿桶石油储量作为发行"石油币"的物质基础，每枚"石油币"与1桶石油等价。委内瑞拉石油币白皮书描述说，石油币将是一种由石油资源支持并由委内瑞拉发行的主权加密资产。

"委内瑞拉石油资产将被用于促进基于该国区块链的加密资产和技术，国家将促进和鼓励使用石油币以巩固其作为一种投资选择、储蓄机制以及与国家公共服务、工业、商业和公民的交易方式。"

"石油币将作为公民直接参与的独立、透明和开放的数字经济的先锋，它还将成为促进新兴经济体之间发展，自主和贸易的更公平的金融体系发展的平台。"

白皮书还展现了马杜罗的政治雄心：创建石油币帮助委内瑞拉打破美国的金融封锁，维护"强势玻利瓦尔"的主权，并促进宏观经济的稳定。由委内瑞拉黄金、石油和钻石储备支持的"石油币"市值也将超过比特币，成为全球第一大加密货币。

事实上，委内瑞拉推出石油币，非常仓促、草率。

委内瑞拉政府1月31日发布的"石油币"白皮书显示，这种加密货币并不能直接兑换石油。

委内瑞拉政府只是保证政府会认可"石油币"为一种支付国家税收、费用、缴款以及公共服务的形式。

委内瑞拉发行的这种加密货币，技术上比较薄弱，据说只是以太坊公链上的一个DAPP（Decentralized Application，分布式应用）。有评论认为这是委内瑞拉政府一个高端的办法——花式出售本国的债务。

这一招能否奏效还是未知数，马杜罗又宣布要推出以黄金为支撑的第二种加密货币，名叫"黄金石油币"（petro gold）。说是黄金更保值，比第一种石油币更强大。

不论石油币成败如何，不过作为全球第一个由国家政府出面背书、推销的加密数字货币，它的研究就有了标本意义。

尽管很多人不看好石油币，但委内瑞拉并不孤独，因为试图挣脱美元霸权的国家和组织太多了。据俄罗斯新闻媒体报道，伊朗和俄罗斯或将利用数字货币来应对西方的制裁。伊朗议会经济事务委员会负责人提到数字货币是两国避免美元交易的有效方式，并可能取代SWIFT[1]支付系统。他们已着手让伊朗中央银行开始制定使用数字货币的提案。此外，迪拜的OneGram公司宣称要创造世界上首个锚定黄金的数字货币，假如能够成功，也是建立在比特资产锚定原子资产这种逻辑之上的。

---

[1] SWIFT（银行结算系统），又称"环球同业银行金融电讯协会"，是国际银行同业间的国际合作组织，成立于1973年，目前全球大多数国家的大多数银行都已使用SWIFT系统。SWIFT系统为银行的结算提供了安全、可靠、快捷、标准化、自动化的通信业务，从而大大提高了银行的结算速度。由于SWIFT的格式具有标准化，目前信用证的格式主要都是压SWIFT电文。

|第18章|

复杂世界的群体智慧

▼

人类已经进入了一个复杂性和不确定性更为突出的时代。为了应对这种复杂性，我们需要更新一些思维范式。

法国社会学家古斯塔夫·勒庞在《乌合之众》里讲：人只要聚集成为一个群体，就会变得极端愚蠢和暴力。詹姆斯·索罗维基在《群体的智慧》一书中却说，群体的决策往往比群体中最聪明的那个人的判断还要好。

在一定的前提条件下，这两种说法都充满真知灼见。正如2013年的诺贝尔经济学奖就分别授予了提出"有效市场"的尤金·法玛教授和"行为金融学家"的罗伯特·席勒教授，他们的观点可谓针锋相对，水火不容。本章，我们只探讨"群体智慧"这个问题。

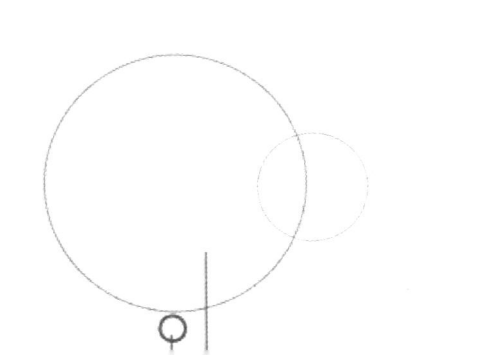

涌现效应

一滴水，不足以形成海啸；一粒沙，不足以形成沙崩；一只蜜蜂，无法形成喧嚣的风暴。

然而，当个体数量达到一定值，足以形成一个群体时，就会涌现（emergent properties）个体所没有的属性，比如成千上万条小鱼如一头巨兽游动，如同一个整体，似乎受到不可控制的共同命运的约束。

这是凯文·凯利在《失控》一书中，用"群氓的智慧"来表达的一种认识。

氓，本身是个中性词。氓，民也。群氓，也就是民众的意思，如蜂群，就是一个由两万个氓合并成的整体。

一个人，就算英才天纵也无法造时势，但他连接的人多了，就会被赋予幸运。群氓可以创造历史，不仅仅是因为它是个超级有机体，更重要的是因为它是智慧的集合体。

如果说互联网是个连接万物的机器，可以从信息层面把人们连接起来，区块链则是一个赋能万物的机器，可以把人从价值层面连接起来，成为一个可以进行大规模、高精度合作的智慧有机体。

历史上曾经有一种人类，叫作尼安德特人，他们的智商很可能比智人还高，体格也比智人大，就单打独斗而言，比智人更加强悍。

出于某种偶然或必然的原因，智人学会了更大规模的合作，并因为合作秩序的扩展而在生存竞争中胜出。

所以，从这个意义上讲，是合作创造了人类，而不是劳动创造了人类。

分布式管理的真义

涌现是指大量微观的个体相互作用之后，会有一些全新属性、规律或模式自发冒出来的一种现象。

当一堆平凡事物聚集在一起的时候，就会由量变发展到质变，涌现出全新的事物和现象。

例如，每一只蜜蜂的智商都不高，但是它们一旦组成了蜂群，就会表现出极高的智能水平，这就是"涌现"。

古老的分布式自我管理

蜂群由谁统治？由谁发布命令？由谁预见未来？

研究发现，蜂群虽然有"蜂后"，但蜂后并不是指挥者。也就是说，蜂群并不是一个中心化组织。

那么，蜂群是如何实现自我治理的呢？凯文·凯利是这样描述的——

当蜂群从蜂巢前面狭小的出口涌出时，蜂后只能跟着。蜂后的女儿负责选择蜂群应该在何时何地安顿下来。五六只无名工蜂在前方侦察，核查可能安置蜂巢的树洞和墙洞。它们回来后，用约定的舞蹈向休息的蜂群报告。

在报告中，侦察员的舞蹈越夸张，说明它主张使用的地点越好。接着，一些头目会根据舞蹈的强烈程度核查几个备选地点，并以加入侦察员旋转舞蹈的方式表示同意。这会引导更多跟风者前往占上风的候选地点视察，回来之后再加入看法一致的侦察员的喧闹舞蹈表演行列，表达自己的选择。

除了侦察员以外，极少有蜜蜂会去探查多个地点。蜜蜂看到一条信息："去那儿，那是个好地方。"它们去看过之后回来用舞蹈说："是的，真是个好地方。"通过这种重复强调，所属意的地点吸引了更多的探访者，由此又有更多的探访者加入进来。按照收益递增的法则，得票越多，反对就越少。渐渐地，以滚雪球的方式形成一个大的群舞，成为舞曲终章的主宰。最大的蜂群获胜。

蜂群的这种民主治理方式非常高明。凯文·凯利说，这是一个白痴的选举大厅，由白痴选举白痴，其产生的效果却极为惊人。这是民主制度的精髓，是彻底的分布式管理。

研究过蚂蚁觅食过程的人，都会惊叹蚁群的智能，每个蚂蚁单独行动收集食物信息，再汇集到一起不断调整路径，直到形成一条最优路径，但是在这个过程中没有任何来自中央的控制。

自律与管理的仿生学

那么，人类，万物之灵长，能不能向蚂蚁、蜜蜂学习，构造下一代网络系统？或许，未来区块链技术会将所有的人和机器连接起来，通过区块链代币的投票，智能合约的执行，来实现分布式的自律与管理，这其实是一种管理上的仿生学。

人们常说，群众的智慧还不如个人的智慧。难道说人群还不如蜂群效率高？

人群真的不如蜂群吗？非也。

有人做了这样几个实验：请来将近5 000人对半开坐在一个大的剧场里，每个人手上都有一个传感器，大荧幕上投放一个乒乓球的游戏，2 500

人为一组，共同控制一个球拍，双方打乒乓球，人们发现球拍有的时候会按照你的个人意志行动，但有的时候不会，人们很快就适应了这种玩法，这5 000人进行了一场欢乐的乒乓球赛。实验者接着把难度调高，让5 000人共同驾驶一架虚拟飞机，每个人都有权决定飞机的飞行轨迹和方向，但是这时，群体智慧在飞机降落的时候似乎变成了不利因素，飞机几次降落都无法成功，最后在一个不可思议的时刻，5 000人共同指挥这架飞机玩了个360°的大转弯。

勒庞的《乌合之众》是一本写于100多年前的缺乏科学性的偏激之书。然而，正是这样一本不够严谨的畅销书，却反映了部分事实，比如"群体感情的狂暴，尤其是在异质性群体中间，又会因责任感的彻底消失而强化"。又如，"群体不善推理，却急于行动"。

不妨暂时放下愤世嫉俗的抨击，让我们思考：所谓的乌合之众的缺陷在哪里，潜力又在哪里？

预测市场与抉择机器

杰克·特雷诺教授是资产定价模型的发明者之一。

特雷诺说，股市大多数时候能够正确定价，不是因为市场中有人特别聪明，能够发现价格，而是因为市场中人独立地做错误定价，这些错误定价的合力，形成了一个最为准确的价格。

杰克·特雷诺曾进行过一项持续多年的简单实验——在玻璃罐子中，放满巧克力糖豆（超过目测能力的数量）。然后请一群人来猜测糖豆的数量，并记录每个人的答案、群体的平均数与正确数字之间的关系。

杰克·特雷诺在课堂上，用一只能装850枚豆子的瓶子做实验，该团体估计这只瓶子能装871枚豆子,而班上56名学生中只有一人猜测能接近实际数字。

通过反复试验,特雷诺得出两个结论:

第一,团体成员之间不能商量和交流,猜测时单打独斗,结果汇总后再取平均值,最有可能得出完美的结果。

第二,团体的猜测结果并不是每次都要好于团体中每个成员的猜测结果。特别是在做得好给予奖励的情况下,这会赋予人们积极参与的理由。但是,在这些研究中,没有迹象表明某些人始终表现得比团体出色。换句话说,在这个实验中,群体智慧超过了个体智慧。

如果通过一种机制,赋予群氓以"魂",那么群体的智慧将会远远大于个体,否则就是乌合之众、一盘散沙。

自古以来,缄默都是一种美德,它可以让智者更加神秘,也可以帮助愚者藏拙。

互联网的兴起,让我们进入了一个言论自由的世界,一个人人皆可成名15分钟的世界。

互联网言论市场的竞争,不是基于理性,而是基于其"传染性"。各种哗众取宠的、噱头的、洗脑式的言论走俏,掩埋了真正有价值的理性。

古人为了让信口雌黄者住口,发明了打赌——你错了,就要为你错误的宣传埋单,否则就闭嘴。

预测市场,一个很有价值的决策工具

人群不但能涌现出智慧,还能涌现出愚蠢。

人群效率有时候还不如蜂群,智慧无法叠加的关键原因在于,人群中总是充满了不负责、自以为是、信口雌黄之辈。

比如财经界的网红,有些会一直预言房价将暴跌,有些则一直预言股市将上涨。这样的"空军司令"或"多军司令"会误导很多人。

如果有一种"预测市场",你可以看空或看多,但必须押一笔钱来打赌,预测错了,钱要奖励给赢家,否则你的发言就是扯淡。相信这种信口开河的专家发言时就会慎重很多。

现在很多专家喜欢出惊人之语,就算说错了,甚至误导了高层决策,最后也没有追溯惩罚机制。如果能让胡诌者"纳税",那么就会少一些"黑嘴""歪嘴",人们就会真正用大脑去思考,就算乌合之众也可以涌现出奇迹。

要想激发个体的智慧与行动,就必须建立激励与惩罚机制。因此,要设计出一个好的互动系统,就必须研究人们对社会报偿的需求,并给予充分的满足。

詹姆斯·索罗维基在其畅销作品《群体的智慧》中对群体智慧的理解为:一个由独立的个体所组成的大群体能够做出好的预测,并且能够比群体中最聪明的个体更加聪明。

群众的智慧是无穷的。群体智慧的巨大潜能,也推动了预测市场(prediction market)的发展。

预测市场通俗地讲就是打赌市场,但它不同于赌博。它相当于为自己选择了一只股票,说对了会有奖励,说错了会有罚金。赌博讲究买定离手,但预测市场和股市一样,你觉得买错了,可以抛掉手里这一只股票,转而选择"对手盘"那一只。

对于试图为前期规划寻找思路的管理层来说,它是一个很好的决策工具。它是一种不同于焦点小组访谈、问卷调查的预测手段。

随着智能合约技术的发展,将会出现符合监管法规的"预测市场"的区块链项目。这种项目存在的意义在于,通过"打赌"这一小小的举措,让人们为自己的预测负责,从而释放群体智慧(crowd intelligence)。

预测市场，其实是一种抉择机器

人生是由一系列的选择构成的。

人这一辈子，大约要做2 000万次选择。向左走，还是向右走？买安卓手机还是苹果手机？股票抛还是不抛？独身还是结婚？和谁结？

一家公司也是，哪款产品会畅销？定价多高合适？最关键的市场调研，基本都是在做选择。

但是，为什么很多公司的头脑风暴会失败呢？因为这种交流太廉价，在不付出成本的情况下，人群的相互交流会相互干扰。

比如某乙崇拜某甲，就算明知某甲的意见不妥，也会随声附和。又或者某"意见领袖"气场强大，又相互故作惊人之语，很容易对其他人进行"洗脑"。

谷歌公司曾经大量运用内部预测平台进行试验，以评估新产品获得成功的概率。谷歌在自己的内网上使用了一种名为gooble的代币，员工可以对各种不同结果下注。为了鼓励员工参与，谷歌会向预测最准确的员工发一笔现金或T恤衫等礼品。谷歌通过这类试验，意外发现了一条规律，那就是工位毗邻的员工倾向于做出非常相似的预测。

最早的预测市场，是1988年艾奥瓦大学商学院经营的IEM（艾奥瓦电子市场）。在该市场中，参与者可以投入一定数量的金钱，交易标的是未来事件的结果，例如，谁将当选下一任美国总统。IEM由旨在预测选举结果的许多市场构成：总统选举、国会选举、地方行政长官选举和外国选举。

IEM向任何想参与的人开放，基于参与者认为一位特定的候选人在即将开始的选举中会怎么做而允许他们买卖"期约"（contact）。

在IEM提供的许多不同种类的期约中，最出名的是预测选举中的获胜者。譬如，2003年，加利福尼亚州州长选举这一案例，你可能会选"施瓦辛格会赢"这一期约，那么当施瓦辛格获胜时就会付给你1美元，倘若他败选，你就什么也得不到。

你为这种期约付出的代价反映出市场对候选人获胜概率的判断。如果候选人期约价值50美分，那么就意味着市场认为他有50%的获胜概率。如果这份期约价值80美分，那么他获胜的概率就为80%，以此类推。

该预测市场自建立以来非常准确地预测了每次美国总统选举的结果，其预测的准确度要远高于最流行的民意测验，也远好于政治评论家的预测。

IEM 的成功，引发了人们在其他领域试验的兴趣。20世纪90年代出现了很多基于金融盈利需求的预测市场项目，比如HSX（好莱坞股票交易所），人们开始对票房收入、周末票房表现和奥斯卡奖等下赌注。HSX的票房预测不如IEM对选举结果预测得那样精确。需要指出的是，IEM是用真金白银打赌，投资数额是500美元封顶，而人们的平均投注额为50美元。但HSX则完全用虚拟资金投注。

预测市场通过市场化规则，将大众的知识和直觉经验转化为具有社会学意义的群体智慧。预测市场的预测效果不亚于传统专家预测及民意调查等方式。

预测市场之父

罗宾·汉森是以太坊创始人布特林特别推崇的一位经济学教授，他被称为现代预测市场之父。汉森认为预测市场可以扩展我们的信息渠道。

自1988年以来，汉森开创了预测市场，又称信息市场或概念期货。预测市场这个概念的形成，部分是受当时流行的金融学理论"有效市场假设"的启发。

汉森的预测市场这项学术成果，并不是以经济学家们熟悉的论文或著作形式呈现的，而是一项从1988年就开始的实验，至今已有30年历史。这个名为"预测市场"的实验项目通过博彩的形式，引导网民对将要发生的事情进行预测。由于社会行为往往是自我实现的，所以通过加总这些预测行为，就可以在一定程度上达到预言未来的效果。

比如你要预测希拉里和特朗普谁能当选总统，预测市场会发行两种代币，一种叫希拉里币，一种叫特朗普币。你看好谁，就买哪种币。

预测市场是对股市的临摹，一方面，购买会拉动币价，对于某些标的物，这本身就是一种干扰。某位选民，原先就在特朗普和希拉里之间犹豫不决，一看希拉里币的价位高涨，觉得她人气高，很可能就顺手投给了希拉里；另一方面，如果某人掌握一些内幕信息，他一定会利用信息优势在预测市场上牟利。当然，你也可以说这是"借助群体智慧"，利用这个市场化的平台，等于所有人共同分享了内幕信息。

预测市场可以吸引人们主动获取信息，通过交易分享信息，并将这些信息汇总为能够吸引更多受众的共识价格，因此预测市场也就成了理想的"信息渠道"。

预测市场的稳定发展，离不开坚实的理论基础。作为计算机科学、管理科学、社会科学和心理学等交叉学科的新兴产物，预测市场的实践直接源于经济金融理论，主要包括哈耶克假说、EMH（金融市场有效性假说）、实验经济学假说和理性预期理论。

作为最先论述在市场无数投资环境下运用决策可能性的人士之一，汉森建议预测市场可以用于指导科学研究，甚至作为一种帮助政府选择采取政策的工具。

2008年，美国乔治梅森大学授予汉森经济学终身教授的职位。得益于该教职所享有的自由研究时间，汉森的研究兴趣十分广泛，他发表的论文选题包括空间产品竞争、健康激励合同、团体保险、产品禁令、进化心理学与卫生保健伦理学、选民信息激励政策、贝叶斯分类、赞同与反对、分歧中的自我欺骗、概率启发、可逆计算、长期经济增长、机器智能带来的增长等。

智能社群

人，终究是社会性动物。

人与人的联合方式的扩展，将会创造出更多的可能性与机遇。

1835年，法国人托克维尔在《论美国的民主》一书中，将新兴的美国形容为一个满是社区和协会的国家。美国人的这种社群意识，被托克维尔视为美国式民主制度下公民参与的最佳样本。社群可以提升公民自律、自治精神，利于公民意识的形成。

150定律

尼克·萨博教授曾多次强调过一个概念，叫作"社会可扩展性"。

什么是可扩展性？打个比方，乐高积木就具有可扩展性，通过标准化的设计，可以把非常多的积木拼接在一起。

人类社会的可扩展性比较弱，这是因为人类自身的局限性。

萨博写道："认知能力——在这里以物种新皮层的相对大小的形式——限制灵长类群体的大小。维护动物或亲密的人群需要大量的情感沟通和关系投资，如灵长类动物和闲聊、幽默、讲故事以及其他传统人群的对话，歌曲和游戏。"

人类大脑皮层决定了人的意志有限性，最初的人类合作，存在一个极限数量——150人。如果没有过去的制度和技术创新，能够共同参与一项努力的人最多不超过150人——这就是人类学里著名的"邓巴数字"。

罗宾·邓巴是英国牛津大学的一名人类学家，他研究了各种不同形态的原始社会，发现那些村落中的人数大约都在150名，这个发现被称为"150定律"。

罗宾·邓巴是根据猿猴的智力与社交网络推断出"150定律"的。罗宾·邓巴认为，如果猴子的大脑皮层较大，它们的社会群体就会较大。经过对38组猴子进行计算研究，邓巴教授估计，人类处理社会关系的能力的极致约为148人，四舍五入大约是150人。

罗宾·邓巴通过考古发现，当一个原始部落人口达到150人左右的时候，就意味着即将分裂。因为超过150人，就超出了人类大脑管理幅度的极限。

现代人已经不在部落中生存，但仍未超越这个"带宽"：罗宾让一些居住在大都市的人列出一张与其交往的所有人的名单，结果他们名单上的人数大约都在150名。

再如，你计划组织一个150人的聚会，你可以比较容易记住大家的名字以及他们喜欢或不喜欢坐在谁旁边。如果你要组织一个300人或500人的聚会，你很可能忘记很多名字，弄不清他们落座的位置。

受"社会通路容量"制约，人类大脑只能处理150人左右的群体关系；也就是说，当一个"群体"的活跃人数超过了150人时，群体对成员的影响力开始下降。

超越"邓巴数字"

从新石器时代的部落村庄到罗马帝国的小股部队，有不少事情都是围绕着"邓巴数字"来进行组织的。当我们要与超过150人处理关系时，我们往往会越来越没效率。

但这并不能够证明"邓巴数字"不可超越。

通过互联网社交软件，我们已经证明了人类是可以突破这个数字的，只是存在"强关系"和"弱关系"的区别。

在信息互联网时代，社交媒体的发明，已经扩大了我们的社交范围。"邓巴数字"也注定会被超越。

公司，现代社会的缔造者

CCTV纪录片《公司的力量》对公司发展的历史进行了梳理，片中一个重要的观点就是"真正缔造了现代社会的是股份有限公司"。

哥伦比亚大学校长尼古拉斯·巴特勒曾经说过："现代社会最伟大的发明就是有限责任公司！即使蒸汽机和电气的发明也略逊一筹。"

在很多人的偏见里，只有令人咂舌的"黑科技"才算是伟大的发明，公司怎么能称得上发明，而且是最伟大的发明呢？

类似这种偏见甚至连很多大佬也存在，彼得·蒂尔说过这么一句话："我们想要一辆可以飞的汽车，得到的却是140个字符。"其实，你如果把微博这类平台视为一台社会连接器，一个基于"六度区隔"的信息连接器，它远比会飞的汽车酷多了，尽管技术实现上相对简单些。人们通过微博表达对社会问题的看法，群策群力，已经推动了很多社会问题的改善。

公司制度的发明，极大地推动了人类社会的可扩展性。美国经济学家德隆的研究表明，人类97%的财富，是在工业革命后的二三百年时间里创造的。公司的诞生与英国工业革命几乎同步，并在其中发挥了巨大的作用。

有限责任公司是一项伟大的发明，它实现了人类合作的可扩展性。

如果股东与公司财产划不清界限，股东就必须对公司承担无限责任。这种让投资人风险有限、收益无限的制度，可使想冒险、想投资的人大胆投资。

股份公司出现之后，又进一步解决了通过股权转让退出公司的问题，使公司成为一种公共平台。如高速公路的修建，需要大量资金，资金是如何筹集的？股份有限公司就成为筹集资金最有效的方式。社会资本可以以入股的形式参与高速公路的建设，入股后若想退出投资，还可以将股份转让。

所以，马克思曾高度评价公司制度说："假如必须等待积累，以使某些单个资本增长到能够修建铁路的程度，那么恐怕直到今天，世界上还没有铁路。但是，通过股份公司转瞬之间就把这件事完成了。"

公司制诞生的底层逻辑

佛罗伦萨位于意大利中部，地理位置并不具有优势，为什么它会成为欧洲的贸易中心、金融中心、文艺复兴中心？

佛罗伦萨崛起的关键是其领先的商业文明，也就是说，佛罗伦萨人做生意比较"靠谱"——他们有发达的"账本"文化。

复式记账法的萌芽

当时佛罗伦萨商业比较发达，银钱借贷十分频繁，钱庄业主为了记清楚账目，他们把整个账簿分为应收账款和应付账款，并为每一个客户开设一个可以被审计的账户，即应收账款和应付账款。

佛罗伦萨的美第奇家族的祖先从事药剂师行业。从14世纪起，美第奇家族开始经营钱庄业务。

钱庄在记录财务往来时，若有人把钱存到钱庄或者归还向钱庄借的钱，此人对于钱庄的债权就会增加，或者此人对于钱庄的债务就会减少，那么钱庄就在此人的账户上，将其金额记入此人账户的"应收"科目，代表着此人对于钱庄的债权增加或者债务的减少。

相反，如果有人从钱庄取走现金或者向钱庄借钱，钱庄就会在此人的"应付"科目记入相应的金额，代表此人对钱庄的债权减少或者债务的增加。

钱庄用"应收"和"应付"两个科目就可以使"存钱、取钱、借钱、还钱"4种业务得到很好的记录，归根结底也就是资金流入钱庄和资金流出钱庄两种情形。

比如某甲领了老板的薪水，去买了某乙的一头牛。在整个经济活动过程中，可以完全不用现金。老板可以在某甲账本里加个数字，在自己账本里相应地减掉一个数字，就代表已经发工资了。而某甲去找某乙买牛，也可以只拿账本，减掉一个反映一头牛价格的数字即可，而某乙的账本则增加了一头牛的收入。一段时间后，某乙如果想提现，就去找钱庄对账即可提现。所有人都是通过更新自己的账本来完成交易的，省去了携带大量沉重铸币的麻烦。

在佛罗伦萨，一个没有自己的账本的人是没有社会地位的，就如同一个现代人没有自己的信用一样，是被排斥在主流社会之外的。

当然，这种账本是不能作弊的，要经得起审计，能和其他人的账本对得上才行。在佛罗伦萨，账本的意义不仅仅在于效率，它还是一种道德指针。当地有句民谚："经常对账，朋友长存。"

如此一来，当一个人有了这种账簿，那么本质上这个人就是一间"个人有限公司"，因为他有自己可审计的账本。

在佛罗伦萨，每个人的账本都是有法律效力的。官方要求公民长期保存账本，以便核查。在核查中，如果被发现做假账，就会有牢狱之灾。

由于大家都记账，账本之间互相有经济往来，整个社会就被编织成一张分布式的账本网络。

所以，一个人如果想篡改自己的账本，还必须同时改掉其他人的账本，不然就会露馅。

可以说，区块链的公共账本不可篡改的构想，早在800年前的佛罗伦萨就出现了雏形，现在已经出现了一种小型的"纸质版本区块链"。

长年累月，佛罗伦萨人就养成了严谨记账的习惯，做生意"丁是丁，卯是卯"。于是，很多投资者都愿意迁往佛罗伦萨。

需要说明的是，这个时期佛罗伦萨采用的复式记账法，还处于萌芽阶段，大部分账户也只是叙述式的。

现代会计的灵魂

现代意义上的银行，萌芽于文艺复兴时期的意大利。

1397年，乔凡尼·美第奇将家族的钱庄生意升级，创建美第奇银行，为欧洲那些富有的零售商和贸易商服务。

创业之初，美第奇家族与《教父》里的科莱昂家族没什么区别，他们只是一个常年在街头放高利贷的暴力团伙而已。

但这个黑道出身的家族之所以能够做大做强，赢得世人的信任，要归功于他们大量采用了复式记账法。与此同时，欧洲其他钱庄使用的大多是单式记账，也就是流水账。美第奇家族那些整齐的账簿，一直保存到了现在。

美第奇家族自从全面采用复式记账系统，业务水平就提高到了一个全新的层次，这提升了他们的信用水平。

这种严格的会计技术，也使得他们发行的私人货币——汇票，更有市场，这让他们有了一种取之不竭的融资渠道，凭此拓展了他们的商业帝国，从而成为欧洲最强大的家族之一。

复式记账法堪称一次账本革命，美第奇家族的崛起也为其他公司树立了标杆。

1494年，意大利教士卢卡·帕乔利出版了一本著作《算术、几何、比及比例概要》，其中一章"簿记论"，全面、系统地介绍了威尼斯的复式记账法，并从理论上给予必要的阐述。帕乔利将美第奇家族所采用复式记账法的规则加以归纳整理，并写入了一些自己的见解。

作为教士的帕乔利所总结的复式记账法，将基督教商人从道德和高利贷的纠结中解脱了出来，因为这种记账法可以明白地反映他们对社会所做的贡献。帕乔利还写道："商人在记录生意往来时，在每一笔交易中应该以公元纪年作为时间，这样他们总是能记着要遵从道德规范，而行事时总能谨记上帝的圣名。"

一些书商将这本书中涉及记账法的内容抽出来，单独成册刊印，大受欢迎。从此，复式记账法在欧洲流行开来。从此，帕乔利被认为是复式记账法的发明人，被尊为现代会计之父。

没学过会计的人，很难理解为什么账本这种枯燥的记录证明，会被大家描述为一项具有革命性的技术。

从现代人的观点来看，复式记账法并不是什么高难度的"技术"，它是任何一个有基本会计知识的人都懂的事情。然而，它的机制只有在走过弯路之后才能被理解。

复式记账法是历史上的商人和学者共同努力的智慧结晶，是被时间证明可靠的记账法。

在历史上，英国、苏联等国家都曾经拒绝过这种记账法，采用自己发明的会计体系，到后来都改为拥抱这种记账法。直到1992年，我国才全面采用复式记账法。

账本，从根本上讲，所描绘的是一个社会的生产关系。生产关系是卡尔·马克思提出的一个政治经济学概念，它反映的是人们在生产中的地位和相互关系、产品分配的形式等。

账本改变生产关系，是曾经切切实实发生过的历史。

虽然账本非常重要，但是几千年来，记账这门技术一直鲜有太大的变化，而一旦发生变化，其影响则极为深远。

复式记账法催生出股份制公司

复式记账法又叫借贷记账法，是现代会计普遍使用的一种记账方法。

复式记账从诞生之初就意义非凡，被誉为现代会计的开端，"会计的灵魂"。它最简单的概念就是：有进必有出，借贷必平衡，在结构上具有不重复、不遗漏的特征，便于审计（audit）。

复式记账法是基于一个事实：任何一项经济业务的发生，都会引起资产和负债的至少两个项目发生增减变动，而且增减的金额相等。

比如你朋友从你那儿借了5 000元，你要记账，用单式记账法的话，你就记下"借给朋友5 000元"就行了；但如果用复式记账法的话，你就必须同时记下两项，一项是"从银行取款5 000元"，另一项是"借给朋友5 000元"。也就是说，一笔业务，你要把它的来龙去脉都记下来。

尽管复式记账法记账手续繁杂，却可以全面、清晰地反映出经济业务的来龙去脉，还能通过会计要素的增减变动，全面、系统地反映经济活动的过程和结果。

作为财务诊断工具，复式记账法和单式记账法的区别，就像心电图和听诊器的区别一样大。正是这么一项貌似简单的记账技术，对近代资本主义经济产生了巨大的影响。

复式记账法需要在多个账本里同时登记等额的借贷数据，以使各账本之间的信息守恒。

这种新的记账方法使公司经营情况一目了然，而且便于快速查找错误，借与贷如果不平衡可以被立刻发现。

复式记账法，是一种高效的商业交流语言，堪称一场重大的商业技术革命。它在历史上第一次提供了计算利润的有效工具。它不仅能清晰追踪资金来源与去向，反映资本回报率，更重要的是其"资产=负债+所有者权益"的平衡式，是"资本主义"这一概念最简洁的表达。从此，资本主义以利润为中心的思维结构才从混沌中逐渐清晰起来。这种负债和权益的复式记账方法，为股份公司的出现奠定了基础。

17世纪中叶，英国的东印度公司签发了永久股份，把航海冒险变成了长期投资，然后改变了会计的结算方式，从单次清算变成年度分期核算，股份制公司就此诞生。

到19世纪末，复式记账法被全世界所广泛使用。毫无疑问，这种记账技术不但对公司记录有深远影响，而且能定义公司的未来。

后来，复式记账成为全世界通行的规则，大家都拿一个纸质账本，由职业的会计给大家记账。会计师事务所就成了一种中介。

经济学家熊彼特先生就曾说："复式记账法是资本主义的高耸的纪念塔。"可以毫不夸张地说，复式记账法奠定了资本主义发展的基础。

那么，分布式记账法会对人类社会产生什么样的影响呢？

当分布式记账系统一样值得信任，账本不再需要会计师事务所、金融机构来维护，可及时推动企业部门改变对当前运作、未来期望的思考，这可能带来根本性的变革。这是人们对区块链技术最大的期待所在。

公司的局限

20世纪50年代，通用汽车公司曾是这个世界上最富有的公司。它是一个稳定且充满人情味的公司，倡导终身聘用制。这个庞大帝国的每一个部门都在严格掌控之中，在保证质量的同时确保高收益。通用汽车公司被媒体奉为典范，是因为它够庞大，当时媒体认为公司越大越好，这种组织代表着商业的未来。这也确实让通用汽车公司在很长一段时间内占尽优势，这个商业模式意味着，股东资本主义是商业组织的主要形态。当时的学者在展望未来几十年前景时，他们想象未来所有成功的公司都应该像通用汽车公司一样。

当未来真正到来的时候，通用汽车公司却成了反面教材，当年那些吹捧通用汽车公司的媒体，现在批判起来也不遗余力。IBM、微软、苹果等公司成了它们的新宠。当然，IBM、微软、苹果也和通用汽车公司一样，尝尽世态炎凉。IBM如日中天的时候曾经被称为"蓝色巨人"，它衰落的时候，则被讥讽为步态蹒跚的大象。

媒体一会儿鼓吹垄断带来效率，一会儿鼓吹小就是美，其实都不得要领。问题的关键在于"交易费用"。

制度经济学的鼻祖罗纳德·科斯曾提出了经济学上一个最为著名的问题：如果市场的主意如此美妙，为什么还需要企业呢？为什么要有那些组织框架？为什么不能让所有人互相提供服务，用市场和契约来解决一切？

因此，科斯在1937年创造了"交易成本"（transaction costs）这个概念。所谓交易成本，即"利用价格机制的费用"或"利用市场的交换手段进行交易的费用"，包括提供价格的费用，讨价还价的费用，订立和执行合同的费用等。

科斯认为，当市场交易费用高于企业内部的管理费用时，公司便产生了，公司的存在，正是为了节约市场交易费用，即用费用较低的企业内交易代替费用较高的市场交易。

公司规模不可无限扩大，一个公司成长到一定的规模，沟通和管理的成本就会吞噬掉公司的全部利润。

这就像摩天大楼的建造，高到一定程度就没有意义了。因为越高的摩天楼，就需要越大的公摊面积，越大功率的电梯，越大体积的通风系统……整个大厦除了这些辅助系统外，几乎无法再放其他的内容了。

当组织的规模越过了某个点，就会导致其自身的崩溃。这就是科斯天花板（coasean ceiling）理论。

所以，当市场交易的边际成本等于企业内部管理协调的边际成本时，就是公司规模扩张的极限。

资本主义的商业形态，是在17世纪的欧洲逐渐形成的，相对于当时的封建社会，其中有许多对财务制度和法律法规方面的改进。其中，最重要的财务制度和法律法规，莫过于复式记账法、保护私有财产的法律和公司制度。

账本炼金术

中世纪那些破产的银行家，都会被政府处以绞刑或枭首示众。

"玩砸了"的现代银行家，至多会被送进豪华监狱里思过。甚至像麦道夫这样的金融巨骗，其待遇也远比政治犯要好。在极大收益与极小惩罚之间，做假账反而成了一种理性的选择。

在华尔街，有一句大家都懂的谚语：如果你欠银行10万美元，那么你的财产归银行所有；如果你欠银行1亿美元，那么银行归你所有。

这句话放大到极致，就是一些金融机构可以"大而不倒"——因为牵涉太广了，监管机构在"政治正确"的牵绊下不敢让其倒闭。

几百年来，复式记账法及其审计，已经成了人们心中的"事实"的代名词，这种错觉，正是金融危机的根源。是时候来一场"记账革命"了。

现在的信用货币，如美元，其实也是一套复式记账系统上的资产和权益。

账本是由按照规则排列的数据结构所组成的。每当我们需要对一些事实达成某种共识时，我们就会使用账本。

人们对事实及其变化达成一致，即对账本内容达成共识，以及对账本的精确性充分信任，是市场经济的基石。账本里记录的事实，是支撑现代社会运行的底层逻辑。

美联储就拥有这种记账权。为了帮资本家纾困，美联储开始了"货币炼金术"，信用货币超量增发。

2008年的金融危机，少不了美联储货币政策的推波助澜。

为了应对2000年前后的网络泡沫破灭，2001年1月至2003年6月，美联储连续13次下调联邦基金利率，使该利率从6.5%降至1%的历史最低水平，而且在1%的水平停留了一年之久。低利率促使美国民众将储蓄拿去投资资产，银行过多发放贷款，这直接导致美国房地产泡沫的持续膨胀。

美联储的货币政策使得市场形成一种预期：只要市场低迷，政府一定会救市。

整个华尔街弥漫着投机气息。然而，当货币政策连续收紧时，房地产泡沫开始破灭，低信用阶层的违约率首先上升，由此引发的违约狂潮席卷一切金融机构。

一方面，经济的强行重组会带来整个社会账本的混乱，从而引发金融危机。委内瑞拉是一个石油储备非常丰富的国家，可这么一个守着摇钱树的国家，却一度成为全球经济危机最严重的地方。

在查韦斯当政时期，高油价为委内瑞拉带来了巨额财富，政府的高福利政策也深得民心。但随着油价崩盘，政府要维持这种高福利，就只能靠滥印钞票，结果导致货币疯狂贬值。

货币在急剧贬值，大量资本加速外逃，使委内瑞拉不多的外汇储备很快接近枯竭，这又进一步加剧了货币的贬值。根据IMF（国际货币基金组织）预测，委内瑞拉通货膨胀率在2018年年末达到1 000 000%（1万倍），超越了1923年的魏玛共和国。

出于对记账的"中介"的不信任，人们开始渴望改变这种局面，甚至越来越多的人呼吁重启"金本位"。2008年前后，那本杂糅了货币史和阴谋论的《货币战争》的流行，正是这种大众情绪的反映。

另一方面，正是这次金融危机，催生了以比特币为代表的虚拟货币。

2008年，中本聪（或组织）写了一篇论文，介绍了一种名叫比特币的"点对点现金系统"。至此，"区块链"的概念开始问世。

区块链这个概念和复式记账本非常像，也要求把收入和支出的来龙去脉记录完整清晰。

不同的是，它不需要"中介"来记账，而是"分布式"记账。这是人类记账方法的一种新尝试。

大规模协作经济

在互联网发明之前，已经存在人与人之间构成的社会网络（social network）。社会网络是一种基于"网络"（节点之间的相互连接）而非"群体"（明确的边界和秩序）的社会组织形式。

随着工业化、城市化的进行和互联网技术的兴起，社会呈现出越来越网络化的趋势，一场"社会网络革命"（social network revolution）正在发生。

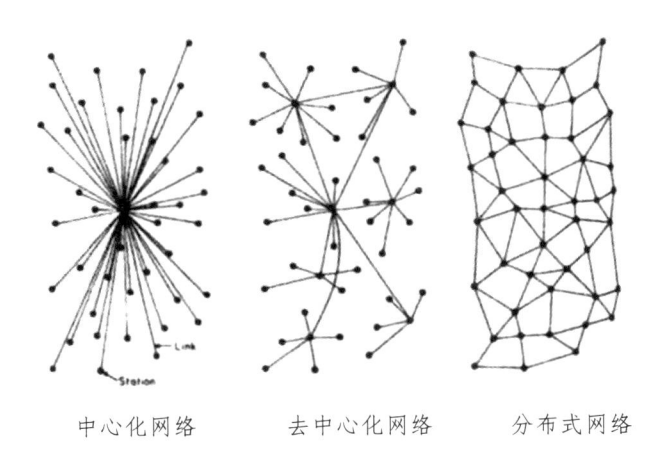

中心化网络　　去中心化网络　　分布式网络

保罗·巴伦的中心化、去中心化、分布式网络

信息技术可以进一步强化社会可扩展性，增强个体间协作的程度，通过机制设计和技术手段，激励与制约每个参与者。随着区块链技术的发展，全球大规模协作的时代也将到来，这有可能成为21世纪令人惊叹的经济模式。

分布式协作的进化

在科研方面，人类早已实践过大规模分布式协作。这其实是一种通过互联网实现的分布式计算——把一个需要巨大的计算能力才能解决的问题，拆分成许多小的部分，然后分配给许多计算机终端进行处理，最后把这些计算结果汇总起来得到最终的结果。

比如Folding@home是一个用志愿者贡献的闲置的电脑算力，来模拟蛋白质折叠的斯坦福大学项目，用于药物计算设计和其他分子动力学问题。

再如，SETI@home是一个搜寻外星文明计划。志愿者们可以将自己闲置的电脑算力资源通过一个程序贡献出来给SETI@home，来帮助分析来自太空的无线电信号，用于寻找外星文明的迹象。

此外，还有研究艾滋病的生理原理和相关药物的FightAIDS@home；研究新药物的D2OL；帮助实验物理学家设计粒子加速器的DPAD项目……

已经实施多年的科学项目，存在一个最大的问题是没有一个恰当的激励机制吸引更多的人参与到这些项目中来。

目前，比特币网络所集合的算力已经超过了全球前500位超级计算机算力总和的1 000倍。如果能利用区块链经济学的激励机制，把这种规模的算力导向科研，很可能会产生惊人的科研成果。

区块链的兴起，也为BOINC这样的分布式计算平台带来了启示。顺应潮流，BOINC也采用了区块链的激励机制。BOINC推出了一种代币，名叫Gridcoin，奖励那些算力贡献者。虽然BOINC是一个公益性的平台，并不能给人们夸张的回报期望值，但至少能把志愿者的电费和机器的损耗赚回来。这种激励措施推出以来，参与这项公益活动的志愿者显著增加。

通过区块链形成的各类社区平台，能够有效促进协作型文化的形成。

区块链引入了全新的激励机制，链接和连接比所有权更重要，追求个人利益与追求集体利益可以并行不悖。

新巴别塔计划

传说，人类曾经试图联合起来兴建通往天堂的高塔；为了阻止人类的计划，上帝让人类说不同的语言，使人类相互之间不能沟通，计划因此失败，人类自此各散东西。

信息技术则有望让人们再次构建智能社群，把人类联合起来。

那些曾经连大型计算机都束手无策的数学问题，现在已经可以通过不计其数的个人计算机（PC）联网解决了。一个非常复杂的问题被分解成很多子问题，通过网络分发出去。同样，任何一个研究所都难以承担的庞大课题，也可以被分解后通过网络分发出去。

当维基百科出现之后，唐·泰普斯科特曾对它极力鼓吹，并写了一本

《维基经济学》，说维基百科的成功向世界证明：如果有一种方法充分利用组织里每一个人的智慧，它的能量将无比惊人。

的确，"维基百科用这么少的成本、这么多的人力生产出了这么多的信息，这在历史上是从未有过的。这个组织里不存在盈利机制和所有者，这让其成绩变得更显著。在这个互联网巨头争霸的时代，这个最无私的网站是值得被拯救的"。

但随着时间的推移，维基百科出现了泰普斯科特也未曾料到的一些弊端。

《纽约时报》的一篇报道写道："潜在的维基百科编辑会随着移动设备用户数量的增加而不断降低。"还有一个问题，就是社区的治理问题，在2005年几个月的时间里，有超过60个编辑被提升成管理员。管理员是一个有编辑英语版本文章的特权角色。

维基百科编辑的活跃度下降，并不是这个世界的知识已经大部分被编辑完成了，而是因为人类已经进入了移动互联网时代，手持互联网终端的输入太麻烦，加之激励的强度不够，人们的热情减弱了。维基百科设置管理员是一种无奈之举，一个内容社区不可能做到完全没有审查。

如果有一种基于区块链经济学的百科网站，这些问题都能得到化解：一方面，可以通过代币激励编辑的贡献；另一方面，可以通过声誉系统和类似"押金"的制度，制约编辑的作弊行为，比如发"软文"，就要扣掉押金，甚至禁止发文。

蓝色巨人IBM是如何拥抱变化的？

Linux操作系统是最典型的一个。Linux不被任何人或公司所拥有，但已经是世界上最重要的操作系统了。还有维基百科、火狐浏览器等。并行生产的一大好处是，公司可以利用大量的外部人力资源。IBM拥抱了Linux，并向Linux社区捐赠了价值数亿美元的软件。在这个过程中，IBM省下了本来要用于其专有系统开发的每年9亿美元的费用,并创造了一个承载数十亿美元软件和服务业务的平台。

在一种新型的可扩展经济体内,所有权可以分散成无数的小部分,它的拥有者可以是员工、风险资本、投资商、联盟成员、局外人,甚至竞争对手。分布式自律经济形态正在萌芽。